時間排毒

清理時間浪費，活出質感人生

吉武麻子 著

晨星出版

前言

——致每天都很努力的你

你是否已經默默接受了「每天忙得團團轉，卻無可奈何」的生活？是否在心底某個角落，隱約覺得「繼續這樣拼命下去，好像快撐不住了」？

說起來，你其實蠻喜歡工作，也樂於學習。你既想珍惜與家人相處的時光，也渴望保有自己的獨處時刻。你做事有效率，喜歡挑戰不同事物，因此常被周圍的人倚賴。被人信賴的感覺令你開心，而你也希望不辜負對方期待，所以面對別人的請求時，幾乎總是回答「好」、「沒問題」。

但另一方面，你也漸漸感覺體力大不如前。偶爾一想到這種狀態可能還會持續下去，心裡就會閃過一個念頭：「我是不是差不多快到極限了？」然而現實是，眼前的事一件接一件湧來，根本無暇深思。你也隱約察覺，自己其實是害怕面對內心深處的聲音，所以才選擇逃避。

不知不覺間，你彷彿成了拋球雜耍的人，同時處理多件任務，陷入「一件也不能掉落」的高度緊繃狀態。你想做些調整，卻又擔心，甚或害怕打破眼前的平衡。

所以，今天依然被時間追著跑。

——以「舒適感」設計自己的人生

你好，我是時間管理師吉武麻子。

身為專業的時間顧問，我致力於推廣「時間協調*」的生活哲學——主動設計自

＊編註：作者提倡的「時間協調」（タイムコーディネート、Time Coordinate）概念，發想自服裝與室內設計中「選擇自己喜歡且舒適的元素，搭配出整體協調感」，進一步延伸為一種兼顧內在感受與時間安排平衡的生活方式。參考資料：《實現夢想的小目標管理術》（吉武麻子，星出版）

己的時間運用方式，同時重視內心的舒適與自在，逐步實現夢想與想做的事。至今已爲超過四千人提供專業指導。

我經常接到這樣的諮詢：「我總是忙於處理眼前的事，時間就不知不覺過去了。明明有很多想做的事，卻根本沒時間！」

其實，光是有「想做的事」這件事本身就非常珍貴，若是因爲時間不夠而無法實現，眞的很可惜。正因爲覺得可惜，許多人會逼自己想辦法做更多；但從長遠來看，這並不是好方法。畢竟我們都不是超人，過度努力遲早會壓垮身心。

因此，我提出了「時間協調」這套用來設計自己人生的思考方式。人生是由每一個「當下」累積而成，也就是說「人生的設計＝時間的設計」。在追求省時與高效率之前，更重要的是先描繪出自己想過的人生，並且依據內心的舒適感來安排時間。

所謂的「舒適感」，絕不是不努力、圖「輕鬆」的意思，而是誠實面對自己的內心，把時間投注在眞正讓自己感到自在的事情。

而這樣的「自在」狀態，實際上也涵蓋了「面對挑戰」。會去思考「自己眞正想做的事」的人，本來就具備迎向挑戰、開創未來的力量。因此，只要能珍視內在的舒適感，就能更輕鬆自在地開拓未來，創造更豐盛的人生。

一味模仿他人的時間管理法，未必能讓自己感到舒適。

自己的時間，終究還是得由自己來安排與協調。

——擺脫負擔的難處

責任感強的你，總覺得不能做不負責任的事，因此對於放下自己肩負的「責任」，內心可能會掙扎與抗拒。

有不少人一被拜託事情，就不假思索地答應，心想：「總之先做再說！」對吧？當然，累積經驗很重要，經歷什麼都嘗試或「多做多學」的階段，其實也是好事。

然而，在某個時間點，你得學會適時放手，例如將事情交由他人處理，放下那些對你而言其實是多餘或成爲負擔的事。由於難以掌握何時該放手，很多人才會讓自己陷入手邊事情堆積如山、忙碌不堪的狀態。

放下無謂的忙碌，其實沒有你想的那麼難。如同身體透過「排毒」代謝體內累積的老廢毒素，我們也可以爲自己的時間來場排毒：清理那些不必要的耗費，騰出空間給「眞正想做的事」和「値得投入的時間」。

身體裡的毒素，往往是生活習慣與壓力長期累積的結果。若進一步追溯其根源，會發現這些習慣與壓力其實和你「怎麼使用時間」密切相關，因爲時間的運用正反映出一個人的價値觀。

有別於傳統以省時、高效率爲基準，並依此判斷該捨棄哪些事情的時間管理方式，本書介紹的「時間排毒」以自身舒適感爲核心，幫助你放下那些無謂的時間浪費。

——終結「沒時間」

《時間排毒》將引導你以自身的舒適感爲準則，逐步減去生活中不必要、卻佔據時間的事。在此過程中，你將學會誠實面對自己的感受，更加了解自己。

此外，本書並非以「省時高效」爲主軸，所以你無須強迫自己放下尚未準備好的事。每一次的放下，都是在充分理解與接受之後做出的選擇，使你能以更忠於內心的方式，重新安排自己的時間。

這本書想分享給你的，並不是嚴格自律的時間管理術，而是一種溫柔善待自己的時間使用方式。話雖如此，這套方法絕不是任性妄爲、不管他人感受的時間管理術。以舒適感爲核心，把時間花在眞正想做的事情上，一起邁向理想中的未來吧！

第1章

時間排毒，把時間用在眞正想做的事情上

第2章

區分「想做」和「不想做」，清理無謂的浪費

第3章

時間排毒①告別

第 4 章

時間排毒② 交付

第5章 時間排毒③ 鬆綁

第6章

時間排毒，看見理想中的自己

第7章

養成「時間排毒×自我回顧」習慣

《時間排毒》章節架構

第1章	探討「總是覺得沒時間」的原因。
第2章	釐清手上的事情，劃出「排毒時間」與「補給時間」的界線。
第3～5章	透過「告別、交付、鬆綁」，清理無謂的時間浪費，實踐放手之道。
第6章	將排毒後得到的時間，妥善分配給「我的五個角色」。
第7章	回顧時間的使用方式，更自在地把時間用在真正想做的事上。

第 1 章

時間排毒，
把時間用在
眞正想做的事情上

「沒時間」成了口頭禪？

——超過七成的人覺得被時間追著跑

「還有一堆事沒做，一眨眼就傍晚了！時間不夠用！」
「平常累到不行，週末只想耍廢，抽不出時間去做真正想做的事……」
「明明覺得時間不夠用，結果一回神竟然滑了一小時手機……」

這些情境是不是很熟悉呢？

有些人清楚知道自己經常把「沒時間」掛在嘴邊，也有人是後來才發現，自己總是不自覺地這麼說。

我們都知道，時間是有限的。但時間不像金錢那樣，能夠清楚看見減少的痕跡。

即便這一秒已經過去，時間仍彷彿理所當然般持續存在。正因如此，儘管我們明白時間的珍貴，也難免會有拖拖拉拉、虛耗時間的時候。

——爲什麼會覺得「時間不夠用」？

說到底，爲什麼這麼多人會覺得自己「沒有時間」呢？

一天固定二十四小時，「時間不夠用」多半是因爲安排的事情超出二十四小時可完成的範圍。

此外，也有些人明明時間充裕，卻總覺得自己沒能善用時間。這往往是因爲把太多時間花在思考「我該做什麼」。在資訊龐雜、選項過多的時代，做決定也變得更加困難。

「沒時間」背後隱含兩種不同原因：一是「想做的事情太多」，二是「必須做的事情太多」。這兩者乍看相似，實際上本質截然不同。

差別在於**是否由自己掌握時間的主控權**。如果是因爲「想做的事太多」而導致時間不夠用，表示主控權掌握在自己手中——是自己想做、自己選擇去做，才陷入被時間追著跑的局面。但若是因爲「必須做的事太多」而覺得時間不夠，則代表主控權不在自己手中，只能被迫應付，被時間牽著鼻子走。

如果是出於自己的選擇而造成的結果，只要重新調整時間的使用方式即可。我們會覺得時間不夠，是因爲在這個二十四小時的時間容器裡，塞進了太多事情。因此，只要重新檢視優先順序，聚焦於優先度高的事項，就能擺脫「總是被時間追著跑，無法掌控時間」的困境。

但若時間的主控權不在自己手中，光靠調整時間分配，並不足以解決根本問題。有些行動，其實是出於在意他人眼光、受限於既定觀念，或歸咎於他人或環境，讓人覺得某些事「非做不可」。在這樣的情況下，難以眞正自主行動，最後甚至不清楚自己爲何而做，只是爲了完成而完成。

你也為「不得不做」所苦嗎？

除了主控權的差異外，這兩種狀態在心境上也有明顯不同。當面對「想做的事」時，我們通常懷抱著積極、喜悅、輕鬆等正向情緒；而面對「不得不做的事」，則容易感到消極、痛苦、麻煩與沉重的壓力，這些負面情緒通常也會隨著時間累積，越來越強烈。在這樣的狀態下行動，即使勉強自己前進，也往往提不起勁，就像一邊踏著油門，一邊踩著剎車。

長期背負這些「不得不做的事」，會造成什麼後果呢？不難想像，那就像一直背著沉重的包袱前行，讓人身心俱疲，越走越辛苦。因此，我們有必要找出「不得不做」背後的原因，並採取適當的調整對策。

「不得不做」的想法背後可能有哪些原因呢？

○ 受人之託

○工作就是這麼一回事

○身為父母、丈夫或妻子，本來就應該這樣

○不想被討厭

○為了能做自己想做的事，必須先完成某些事

……「不得不做」背後隱含著各式各樣的心情。

每個人覺得「時間不夠用」的原因各不相同。我們要先釐清導致這種情況的原因，並有意識地將時間投入到自己真正想做的事情上。

本書將介紹具體的實踐方法，重點在於先**建立「主動掌握時間控制權」的意識**，再逐步增加花在「想做的事情」上的時間。

你是否有「想做卻一直沒做的事」？

有沒有一些事情，你總是想著「等有時間再做」、「等眼前的事忙完再說」？也許是打掃家裡、讀書、學瑜珈、收集新企劃資料、去看場電影……再列舉下去可能永遠說不完。

不如現在就把這些「想做的事」一一寫下來吧！

接著，誠實地問自己：我對這些事情的眞實想法是什麼？

比方說：

○我其實沒那麼想打掃家裡，只是覺得掃一下好像比較好。

○我對瑜珈並沒有特別感興趣，只是看到身邊的人都在做，加上覺得對健康有益，所以才想試試看。

像這類「做比較好」、「姑且試試看」的事情，雖然還不到「無論如何都想做」

的程度，卻常被我們歸類爲「想做的事」。或許**正因爲不是出自眞心想做，所以才會一直擱著，遲遲沒有實現**。

又或者，有些事情確實是你眞心想做，但就是沒有付諸行動。

例如：

○ **想搬去鄉下生活，但覺得現在還不是時候**。

○ **想爲新企劃蒐集資訊、擬定方向，但抽不出完整的時間**。

如果沒有實際行動，這些「想做的事」就會一直停留在「想做」階段。

當你發現自己「想做某件事卻一直沒去做」時，不妨從**「我眞的很想做這件事，但是……」這句話開始，試著找出你「給自己的藉口」（沒去做的理由）**。

一提到「藉口」，可能會讓人下意識地想逃避、不願正視，但如果你眞心希望「想做的事」能有所進展，就必須誠實面對這些藉口。當你釐清了自己「想做卻沒去做」的眞正原因，也就更容易看清下一步該怎麼做。

不過，請記住：**面對自己找的藉口時，不要責怪自己**。有些人在這時會說：「被迫正視那些自己還沒做到的事，眞的很難受。」其實你完全沒必要覺得「只有我做不到」。

「沒時間」是我們最常掛在嘴邊的藉口，幾乎每個人都說過：「我眞的抽不出時間……」「最近實在太忙了！」久而久之，「沒時間」就成了最方便的擋箭牌，用來合理化自己沒做到的事。但那些原本想努力完成的事，卻因爲「沒時間」而放棄，眞的很可惜。

所以，我們更應該停止把時間浪費在責怪自己或怪罪他人，將時間用在實際行動上，試著踏出改變的第一步吧！

想做卻沒做，問題可能出在時間分配

當你發現「有些事明明想做，卻總是沒去做」時，不妨檢視自己的時間使用方式，從記錄一天的時間安排開始著手。

──記錄一天的時間安排

請簡單列出自己一天二十四小時的生活安排，例如睡覺、梳洗打扮、做家事、工作、看電視等。你可以使用時間軸手帳，也可以在筆記本或紙上自行畫出時間軸來記錄。

接著，請將這些寫下的事項分成兩大類，並用不同顏色標示：

①必須做的事（藍色）：例如睡覺、吃飯、工作、家事、照顧孩子……

②想做、喜歡做的事（紅色）：例如興趣活動、進修課程……

透過顏色區分，可以更客觀地掌握自己的時間分配情況。

另外，不屬於「①必須做」或「②想做、喜歡做」的事項，就不需上色，保留原樣即可，例如漫無目的地滑手機、瀏覽社群等。

接下來，請將「家事」、「工作」這類大項目，進一步細分爲具體的行動步驟。例如：「家事→洗衣→啟動洗衣機→晾衣服」，像這樣將任務層層拆解。

在這些細項中，若有你「想做」或「喜歡做」的項目，請用②的顏色標示出來。

光從大分類來看，你可能會覺得「整天都在忙必須做的事」，但若進一步拆解爲具體的行動項目，也許就會發現：「其實我也有花時間在做自己想做、喜歡做的事啊！」

⟶ 拆解任務後，用顏色區分

時	項目	內容
4	睡覺	
5		
6	晨間準備	做便當、準備早餐、梳洗打扮
7	家事	收拾、打掃
8	通勤	閱讀喜歡的書
9	工作	製作資料
10		
11		A公司開會
12		午餐
13		B公司開會
14		公司內部會議
15		面談
16		製作工作資料
17	通勤回家	聽喜歡的音樂
18	家事	準備晚餐
19	晚餐	
20	洗澡	
21	親子時間	
22	社群網站　發懶耍廢	
23	睡眠	
0		
1		
2		
3		

通勤時間
也可以安排做
自己喜歡的事！

在工作中，我很喜歡
那種靜下心來、
專注製作資料的狀態！

睡前滑手機
真的很浪費時間！

▼

沒有塗上顏色的
時間區塊，
之後可以用來做
「想做的事」！

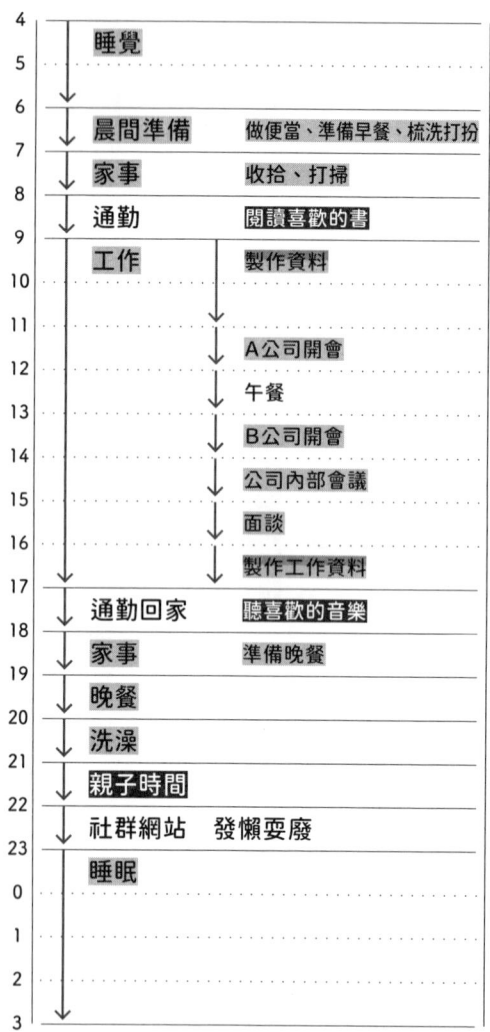

用一日行程盤點現狀

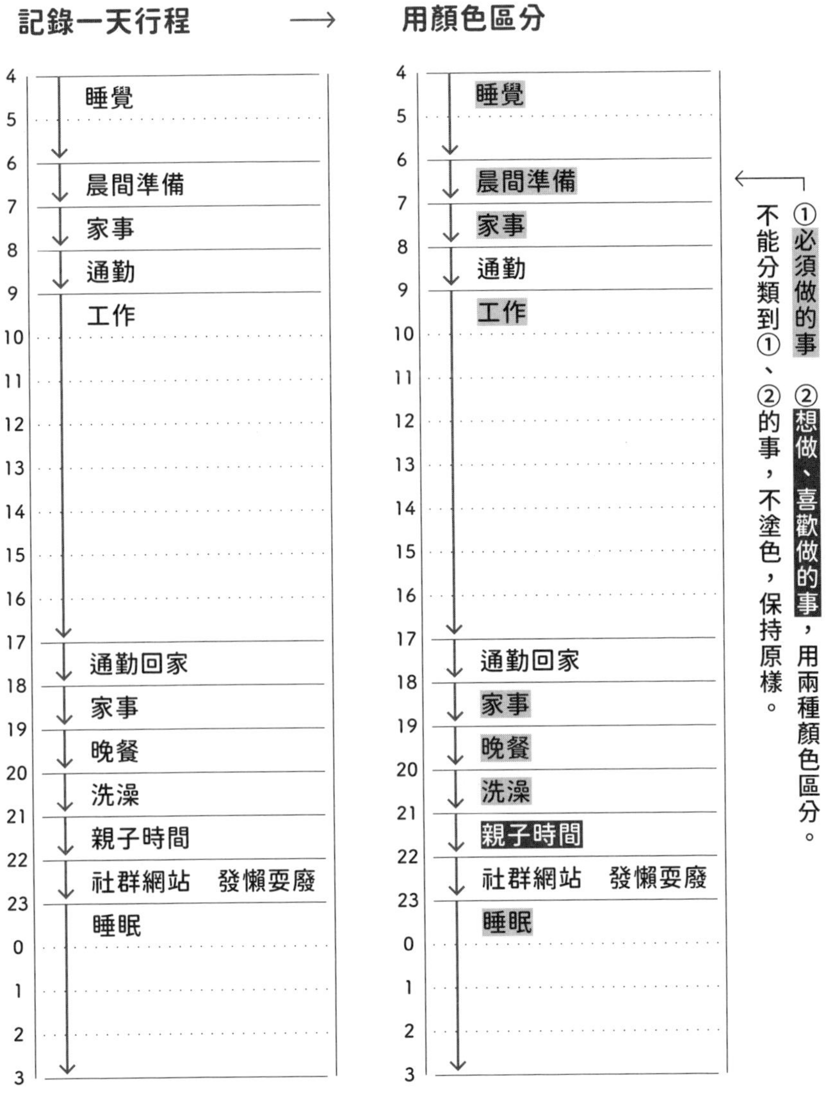
記錄一天行程
→
用顏色區分
睡覺
晨間準備
家事
通勤
工作
通勤回家
家事
晚餐
洗澡
親子時間
社群網站　發懶耍廢
睡眠
①必須做的事 ②想做、喜歡做的事，用兩種顏色區分。
不能分類到①、②的事，不塗色，保持原樣。

——回顧一天的時間安排

根據你所記錄的時間安排，重新思考：爲什麼你會覺得「總是無法完成想做的事」？

有些人覺得「想做的事情太多，無法全部兼顧」，也有人因爲「必須先處理該做的事，只好把想做的事往後延」，還有人雖然「有時間，卻過得漫無目的」，或是「雖然有在做想做的事，但希望能投入更多時間」，又或是發現「花在家人身上的時間，比想像中還多」。相信每個人或多或少都能對這些情況產生共鳴。

行程表中**沒有塗色的時段，也是你日後可以用來做「想做的事」的時間。**

有時候，懶散或虛耗的時間變多，可能是剛處理完緊急或重要的任務後，身心放鬆下來所產生的反作用。

我們每個人都肩負著許多必須完成的事情，常常覺得沒有足夠的時間去做眞正想做的事。無論多麼渴望，一天依然只有二十四小時，不會變成四十八小時。這二十四小時是公平分配給每個人的寶貴資產。如何運用這有限的時間，將決定人生的不同樣貌。

實際上，就算一天變成四十八小時，你眞的能具體說出該如何運用這段時間嗎？恐怕大多數人都難以明確回答。即便有了四十八小時，仍會有人逃避現實地抱怨：「四十八小時還是不夠用，要是一天有七十二小時就好了。」

事實上，並非我們沒有時間，而是明明有時間卻被浪費掉了。**放下那些不必要的「必須做」，創造能用來做「想做的事」的時間吧！**

——以週爲單位盤點時間

完成每日的時間紀錄後，接下來可以進一步整理與檢視：這一週的時間究竟是如何被運用的。

對多數人而言，平日與週末作息不同，有些日子也可能安排了固定的工作、進修或才藝課，因此每天的時間使用方式不盡相同。

從「時間協調」的角度來說，建議以一週爲單位管理任務。

假設你擬定了一份目標執行計畫。第一天通常幹勁十足，即使計畫有些吃緊，也能靠一股衝勁撐過去。然而，時間拉長到一週，進度上的落差就不再是靠蠻力可以彌補，整體計畫也可能因此逐漸瓦解。

若能以「週」爲單位管理任務，即使當天未完成原定進度，也能在這週的其他時間加以調整。但若行程排得過滿，就難以靈活應對，因此需要有意識地預留彈性時間，並可依據每天的特性調整任務安排，例如：「星期一會議較多，簡報製作進度難以推進，不如改安排在比較有空的星期三吧！」

請先把一週的時間使用情況寫下來。當時間清楚呈現後，往往會有新發現，例如：原來在一些意想不到的地方花了不少時間，或其實比想像中更常做到自己想做的事。

記錄的方法與每日記錄相同。完成後，請參照第24頁的範例，用不同顏色標示「①必須做的事」與「②想做、喜歡做的事」，不屬於這兩類的事項則不上色。

接下來，請將「必須做的事」進一步細分，判斷每項行動在未來傾向於「想做」還是「不想做」。一旦察覺「其實我並不想做這件事」，就能更有意識地減少把時間投入其中。至於那些未上色的部分，也請用相同標準判斷：未來會「想做」還是「不想做」。

過度重視「時間管理」會怎麼樣？

提到「時間管理」，許多人腦中浮現的畫面，可能就是：把任務細分，連零碎時間也不放過地塞滿事情，一邊追求省時高效率，一邊企圖完成更多任務。有這種想法的人，即使總爲「時間不夠用」而煩惱，心想也會想：「整天都得高效運轉，連發呆和耍廢都不行？我哪做得到啊？」於是，乾脆放棄時間管理的人，其實也不少。

——比起「時間管理」更該優先思考的事

讓我們重新檢視對「時間管理」的迷思。

不可否認，工作、目標或家務等事情，常常都必須在有限的時間內完成並產出成果。如果能在追求省時與效率的同時，妥善掌控時間，確實能取得更理想的結果。

然而，若試圖把一天二十四小時全都納入時間管理，反而會讓人喘不過氣來。像是休閒嗜好、與重要的人相處，或者單純的放鬆休息時間，一旦也開始講求效率，心情就容易變得焦躁，結果反而無法好好享受其中。

因此，**在實行時間管理之前，更重要的是先思考自己想如何運用這二十四小時，先勾勒出整體輪廓，再於必要之處靈活運用時間管理。**換言之，時間管理的技巧其實是在最後階段才真正派上用場。如果一開始就急於凡事講求省時與效率，反而像勒緊自己的脖子過日子，只會讓人身心俱疲、壓力倍增。請記住，時間管理的重點不在於掌控每一分每一秒，而是聚焦於特定時間段的有效運用。

——做不完的待辦事項

提高效率，並不代表真正解決了問題，反而更像是陷入「一口蕎麥麵」＊的無限循環。

＊譯註：「一口蕎麥麵」（椀こ蕎麦），是日本岩手縣特有的料理。特色是每碗只盛裝一口的量，吃完一口，店員就會立刻添麵。

試著想像這個場景：吃「一口蕎麥麵」時，只要不主動蓋上碗蓋，店員就會不斷往碗裡加麵。效率提升也是如此——當你以高效率完成一件事，下一件事馬上又接踵而至。越是追求提高生產力，事情就越是接二連三、加速湧來。若不主動掌握主控權，明確劃出「到此爲止」的界線，待辦事項就會源源不絕，永遠做不完。

所以，**與其盲目地把每件事都做完，不如先回過頭來思考：這些「待辦事項」眞的每一件都値得去做嗎？**唯有如此，才能提升時間的品質，因爲你如何運用時間，就等於你如何過人生。

生命有限，我們的人生是由每一個「當下」累積而成。與其在人生終點遺憾地說「還有好多事來不及做」，不如就從此刻開始，好好地面對時間——去完成那些眞正想做的事，活出無悔的人生。請將這有限的時間，花在眞正重要的事情上吧！

每個人感到舒適的時間節奏各不相同

我特別提到「重新檢視對時間管理的迷思」，其實是因爲我自己曾因「時間管理」這個概念而感到困擾。

我很喜歡閱讀有關時間管理的書籍，從中學習有效運用時間的技巧，也嘗試將這些方法應用在生活中。起初，我總是滿懷熱忱地模仿與實踐，但漸漸地，內心的感受從「想做」轉變成了「非做不可」的義務感。

例如，我讀到有人推薦「清晨四點起床健走」，覺得這是充分利用早晨時間的好方法，於是也試著模仿。確實，早起運動令人神清氣爽，也有益健康。但同時，我也感受到天還沒亮就出門的那份不安與恐懼。當內心產生恐懼，自然無法感到舒適自在，也就難以持續去做。

某些人認爲很重要的事，對其他人來說未必如此。無論是工作、陪伴家人、獨處、運動、學習或看電視，**每個人對每件事的優先程度，以及希望投入的時間都不盡相同，沒有標準答案**。

因此，很重要的一點是，先了解自己覺得什麼樣的時間安排最舒適自在。**唯有先認識自己的舒適感，才能與他人共享這份自在，也才能眞正尊重他人感到自在的方式。**反之，如果忽視自己的舒適感，一味壓抑忍耐，就會不自覺地強迫別人也跟著忍耐——光是想像就讓人感到窒息。雖然有些理想化，但我相信，如果每個人都能尊重彼此的舒適感，社會將變得更加溫暖友善。

第 2 章

區分「想做」和「不想做」，清理無謂的浪費

所謂「舒適時間」，就是做著自己想做的事

第一章提到，爲了完成自己「想做的事」，與其一味追求效率，更重要的是先釐清哪些事眞正值得去做。要做到這一點，首先必須找出對自己來說「舒適的時間使用方式」。

──「舒適」比「歡樂」更值得重視

在探索「舒適的時間使用方式」之前，先思考一個問題：爲什麼「舒適自在的時間」比「歡樂的時間」或「令人期待、興奮的時間」更值得重視？

我們當然都希望把時間花在快樂或令人期待的事情上。即使行程已經滿檔，許多

人還是會想盡辦法把有趣的活動硬擠進去，對吧？

然而，也正是因爲安排了太多要做的事，才會陷入「時間不夠用」的困境，最終失去生活中的從容與舒適感。爲了提升時間運用的品質，建議多重視「能讓身心都感到舒適自在的時光」，而不是那些忍不住想排進行程的歡樂活動。

而且，如果行程裡盡是歡樂的活動，到頭來也可能累積疲憊，讓時間的價值降低。舉例來說，即使是天生喜歡社交的人，如果每天都排滿聚會，也會感到疲憊吧？當疲勞逐漸累積，自然難以發揮最佳表現。而一旦身心疲累，即使懷有夢想或目標，也難以持續行動；無法持續行動，夢想或目標最終也無法實現。

換句話說，**無論是工作、活動還是休息時間，最好先了解「如何分配一天二十四小時，才能讓自己維持良好的身心狀態」**。基於這個概念，接下來將從四大要點，探討「舒適的時間使用方式」。

——認識「舒適時間」四個視角

①生活中哪些時間多一些，會讓你感到開心？

雖然有些抽象，但請試著思考：如果能度過什麼樣的時間，會讓你覺得開心？

首先，**請寫下「你喜歡以怎樣的心情度過時間」，即使只是抽象感覺也沒關係**。

舉例來說：「有越多時間做讓自己感到興奮、期待的事，就越開心」、「我理想的狀態是不被時間追著跑，保持從容不迫」、「無論事情大小，我希望一直保有挑戰心態，不斷嘗試新事物」……請憑直覺寫下自己對時間使用的大致偏好吧！

②你喜歡做哪些事情的時間？

接著，**請把在①寫下的理想心情狀態，轉化爲具體的時間安排方式**。

比方說，喜歡興奮期待感的人，可能會寫下「像是烤肉聚會這樣熱鬧的時光」；喜歡放鬆的人，可能會寫下「泡在浴缸裡看劇的悠閒時光」；喜歡挑戰的人，也許會寫下「參加課程或準備證照考試等，專注於自我精進的時間」。就像這樣，請寫下你喜歡的時間安排方式吧！

③什麼樣的時間分配，才能讓自己保持良好的身心狀態？

如前所述，思考自己喜歡怎麼度過時間固然重要；但如果一天大部分時間都被喜歡的活動塡滿，反而可能感到疲乏，偏離眞正能讓生活充實、豐富的時間運用方式。

所謂「充實而豐富的時間」，很大程度上取決於個人的價值觀和興趣。重要的是，這段時間**對自己來說具有意義、能帶來滿足感，而且身心不會感到疲憊**。

喜歡積極行動的人，需要相應地安排休息時間，以便恢復體力和精神；想從事創意工作的人，爲了激發靈感，也需要安排一些接觸藝術、刺激大腦的時間；而喜歡閱讀的人，不該只是讀完就結束，而是可以透過實踐所學或分享感想，讓閱讀時間變得更充實、有價值。

換句話說，若想達到最佳成果（輸出），同時也需要投入時間進行學習與吸收（輸入）；而要有良好的輸入效果，也需要安排適當的輸出時間。因此，**爲了讓自己**

的時間更豐富充實，適度搭配性質相反的活動，能讓身心整體感到更加舒適自在。

爲了更充分享受你在②列出的「自己喜歡的時間安排」，請試著思考還需要預留哪些時間來平衡搭配。

同時也請透過實踐，逐步探索什麼樣的時間安排節奏，最能讓自己感到舒適自在。

和我一同推廣「時間協調」（time coordinate）理念的夥伴Y女士，正在實踐「10-10-10生活法」。這個概念由提倡「女性成功學」的舛岡美壽子女士提出，意指將一個月的時間分配爲「十天學習、十天工作、十天玩樂」的生活節奏。

Y女士起初以一個月爲單位實踐「10-10-10生活法」，後來發現自己希望讓工作與休息的切換節奏更加分明，於是現在改以一年爲單位，持續摸索最適合自己、最能讓自己感到舒服自在的生活平衡。

認識「舒適時間」的四大視角

❶ 生活中哪些時間多一些，會讓你感到開心？

- 寫下「你喜歡以什麼樣的心情度過時間？」

·感受到興奮與期待
·有挑戰、能不斷嘗試的感覺

❷ 你喜歡做哪些事情的時間？

- 請把在❶寫下的理想心情狀態，具體化成你喜歡的時間安排方式。

·喜歡興奮期待感→像是烤肉聚會這樣熱鬧的時光

❸ 什麼樣的時間分配，才能讓自己保持良好的身心狀態？

- 爲了更充分享受在❷列出的時光，還需要預留哪些時間來平衡搭配？

·喜歡積極行動的人→需要安排休息時間，幫助身心恢復活力

❹ 你在什麼時候會感覺到壓力？

- 寫下你目前正在做的事情中，哪些時候會讓你覺得「討厭」並感到壓力？

·參加那些冗長又沒意義的會議時
·截止日前手忙腳亂的時候

唯有實際嘗試，才能找到最適合自己的節奏。請一邊實踐，一邊探索最讓自己感到舒適自在的時間安排吧！

④你在什麼時候會感覺到壓力？

所謂「舒適感」，也可以理解爲沒有壓力的狀態。那麼，要如何排解壓力呢？雖然有些壓力來源無法掌控，但對於自己能掌控的部分，就可以調整並設法減少。

請寫下你目前正在做的事情中，哪些時候會讓你感到討厭並產生壓力。

請根據以上四個視角，探索屬於自己的舒適時間安排方式。

整理「想做」和「不想做」

爲了減輕來自可控範圍內的壓力，先整理出「想做」與「不想做」的事吧！

──把「不想做」變成「可以不做」

請回顧第24頁，根據你在一日行程中所做的顏色標示，挑出「①必須做的事」以及未塗色的時間段。

接著，針對這些挑出的項目，嘗試以「想做」或「不想做」兩類來分類。若難以判斷，也可以用「比較想做」或「比較不想做」來區分。

想想看未來該怎麼做，才能放下那些「不想做的事」。

舉例來說，我不太喜歡打電話預約或搜尋店家資訊，但又經常得做這些事。這時，我會思考如何減少這類事情發生的頻率。

○ **在美容院或醫院結帳時，順便預約下次時間，或者尋找不需預約的地方。**

○ **工作上搜尋或洽談活動場地，交由團隊成員負責。**

○ **事先收藏朋友推薦的餐廳或飯店名單，方便隨時使用。**

「打電話預約」這件事，其實只要想做，很快就能完成。或許有人會覺得，少做這點小事並不會真的多出多少時間。

不過，你是否也有過這樣的經驗：明明是花不了多少時間的小事，只要心裡抗拒、不想做，就怎麼也提不起勁去做？

有些人可能會說：「與其抱怨，不如趕快做完就好！」確實，事情做完後心情會輕鬆許多，這樣的說法也不無道理。

但如果這件事未來還會反覆發生，哪怕每次只佔用一點時間，卻都要耗費情緒去面對，終究還是讓人感到不舒服。

因此，是否該放下某件事，不該只看「花費時間的長短」，而是要以「舒適感」作爲衡量基準。

——介於「想做」與「不想做」之間的模糊地帶

對於那些已經清楚知道自己「想做」或「不想做」的事，分類起來相對容易。但也有一些事情既「說不上特別想做」，也「不至於完全不想做」，讓人難以明確劃分。事實上，這個模糊地帶非常重要。

因爲「不想做」或「討厭」的感受比較強烈，容易察覺，一旦意識到這些情緒，要選擇放手也會相對容易。

但那些模稜兩可的事情——「不算喜歡，但也不討厭」或「不特別想做，但也不排斥」——往往會讓人不假思索地歸入「反正也不是什麼痛苦的事，做了也沒差」的選項中。許多人之所以覺得時間不夠用，其實就是因爲不自覺地接受了這些「做了沒差」的事情，讓要做的事越堆越多，最終陷入被時間追著跑的境地。

因此，在整理「想做」與「不想做」的事時，**也要釐清那些「既不特別想做，也不至於不想做」的事，重新檢視自己是否把時間耗費在這些模糊不清的事情上。**

如果選擇了要做，就請帶著「爲什麼要做」的目的意識行動。別再把理由推託給「因爲孩子還小」、「因爲丈夫晚歸」、「因爲大家都沒空」等以他人爲主語的說法，而是要**找到以自己爲主體的行動理由**。

同樣的道理，也適用於那些「雖然不想做，但不得不做」的事情。

爲了實現目標，有時候確實需要去做一些自己不那麼情願的事。然而，如果只是抱著「不想做，但也沒辦法」的無奈心態行動，就可能加重心理負擔，使壓力累積。

因此，在開始行動之前，請先明確目的，並且帶著「這是我自己決定要做」的主體意識，例如：「雖然不是很想做，但爲了累積經驗而嘗試看看」或「爲了將來能放手交給別人，先親自做一次以掌握全貌」等等。

有了這樣的心態，就能眞正掌握自己時間的主控權。

整理「想做」與「不想做」清單

重新檢視一日行程記錄（第24頁），
將任務分成「想做」或「不想做」

「想做」

例如：
・做菜（專心投入做菜，能讓我精神煥然一新）、
・編寫資料（將內容整理成簡單扼要的報告，讓我很有成就感）

「不想做」

例如：
・尋找適合開會的餐廳

★思考未來要如何放手這件事

・事先收藏朋友推薦的店家名單

這一部分是關鍵！

介於「想做」與「不想做」之間

例如：
・部門會議
・打掃、洗衣服

★似乎只有「做」的選項，真的是這樣嗎？

★如果選擇了「做」，就要帶著「為什麼要做」的目的意識

建議手寫整理「想做的事」

——動筆書寫，讓模糊的感覺變得清晰具體

常有人問我：「整理想做的事，手寫和打字哪個比較好？」我的建議是，**比起數位方式，更推薦手寫**。主要原因是透過動手書寫，更能幫助理解自己的思緒和感受。

不過，紙本書寫和數位工具各有優點，靈活結合兩者的好處會更有效。

首先，把心中那些模糊的「想做○○」、「想成爲○○」等想法具體寫下來，用條列式整理也是不錯的方法。

把「模糊的感覺」（例如「總覺得……」）轉化爲具體語句是非常重要的一步。因爲「只是模糊地覺得」和「能夠清楚認知並具體表達」，在後續行動上會有很大的差異。

此外，釐清這些模糊的「總覺得……」也能減少時間的浪費。否則，那些「感覺應該整理過的想法」很容易忘掉，最後又得重新思考一遍。

儘早把模糊的感受轉化成具體語句，就能整理大腦思緒，同時也能思考如何安排時間。

要把腦中的模糊想法變得明確清晰，紙筆書寫是很有效的方式。

而在對想法進行分類、整理與分享時，數位工具就相當便利，例如：它能輕鬆存取資料、快速搜尋、即時分享，還具備鬧鈴提醒等功能。如果眞的覺得難以用文字表達想法，也可以請生成式AI協助（詳見第151頁）。靈活結合數位與紙本工具，是思考並實踐「想做的事」的捷徑。

找出「想做的事」的三個方法

想知道自己是否真的想做某件事，唯有實際嘗試才能明白。**因此，不要只花時間「尋找想做的事」，也要投入時間「試著去做」**。可以先設個暫定目標，然後就開始行動吧！

——①列出「願望清單」

首先，請嘗試列出一百件想做的事。

聽到這個數字，你可能會覺得「哪來那麼多！」但請先不必考慮能否做到，也不要在意事情大小，想到什麼就盡量寫下來。

如果還是寫不出來，可以試著從不同面向分類，例如「工作相關」、「個人生活」、「日常起居」、「想去的地方」、「想體驗的事情」、「想擁有的東西」或

「理想中的自己」等。

列出想達成的事，有助於了解自己感興趣或關注的事物。當這些想法透過文字呈現後，你會更容易注意到與之相關的資訊，還可能因此迎來意想不到的機會。

常有人說：「寫下想做的事之後，結果眞的實現了。」其實，這是因爲**透過書寫，清楚認識自己的想法，就能付諸行動，最終實現願望。**對於能因察覺目標而行動、有了方向就能前進，或容易在忙碌生活中忘記初衷的人來說，這是一種極爲有效的方法。

②每天寫下「今天最開心的三件事」

除了列出願望清單，也可以每天記錄今天最開心的三件事。「願望清單」通常包含一些比較遠大的目標，因此可能因爲沒時間、沒錢等原因，難以付諸行動。

如果把注意力放在「今天開心的事」上，就能更容易發現日常生活中的喜悅，進而從更貼近自身生活的角度思考「想做的事」。

這個方法特別適合不知從何著手列出「願望清單（想做清單）」的人。因爲毫無頭緒下，往往會列出一些「似乎應該做」、「做了會有好處」或「大家都在做，所以我也想試試看」的事，而不是眞正打從心底想做的事。老實說，我自己也是這樣。

雖然我不太擅長寫「願望清單（想做清單）」，但我對自己「想做的事」一直都很明確，而且不論事情大小都一一實現了。之所以能夠如此，是因爲我養成了記錄自己行動感想的習慣。

也就是說，我會**針對自己的行動或所發生的事情，反思「爲什麼我會有這樣的感受」，並把當下浮現的情緒寫下來**。那些以正面情感的形式被記錄下來的，正是我眞正「想做的事」。

國中時期，我每天都會寫下「今天最開心的三件事」，這麼做並不是爲了管理行程，而是單純想記錄心情。記下的內容其實都很平凡，例如「我眞的很喜歡這個音樂節目」或「在籃球比賽中投進好幾球，覺得很開心」這樣的日常小事。

儘管是日常小事，但我發現——當我察覺到自己「喜歡聽唱功好的人唱歌」，於是會「去聽演唱會」；當我體驗到「投籃得分的喜悅」，所以會「爲了在比賽中進球而比以往更加努力練球」。就這樣，**只要持續搜集、記錄每天生活中讓自己感到開心的事，就會自然而然地把時間花在那些眞正想做、能帶來快樂的事情上。**

與其說是「找到想做的事」，不如說是「順著感覺，把時間自然花在自己想做的事上」，或許更貼切一些。

——③寫下「我可能會後悔的人生」

在「做還是不做」之間猶豫時，相信不少人都曾想過：「與其後悔沒做，不如試了再說吧！」於是鼓起勇氣，下定決心行動。

人生是由每天一點一滴累積而成，不拖延自己眞正想做的事，就能更接近「不留遺憾的人生」。每個人後悔的原因各不相同，不妨寫下對你而言，什麼樣的人生可能會讓你後悔。舉例來說：

○害怕失敗而不敢嘗試的人生

○疏於維繫與家人、朋友等重要人際關係的人生

○一味迎合他人期待，無法做自己眞正想做的事的人生

接下來，根據你列出的內容，思考並寫下「爲了活出不留遺憾的人生，應該要調整的地方」。例如：

○從接受小的挑戰開始做起

○除了工作，也要留時間陪伴家人和朋友

○騰出時間面對自己的感受，進行自我對話

你在①到③中寫下的內容，就是自己的「理想時間運用方式」與判斷基準。只要看重並善加利用這些時間安排，想做的事就會越來越具體明確。因爲你不必刻意去尋找「想做的事」，時間自然會流向那些眞正吸引你的事物。

找出「想做的事」的三個方法

❶ 列出「願望清單」

- 找出自己感興趣和關注的事物
- 將想法透過文字具體呈現，更容易捕捉相關資訊，也會促使行動

・想去○○
・想嘗試體驗○○
・想要○○
・想成爲○○

未來視角

❷ 寫下「今天最開心的三件事」

- 開始發現日常生活中的喜悅
- 持續搜集開心的經驗，自然就會將時間花在那些眞正讓自己開心、眞正想做的事情上

・○○讓我很開心
→「爲什麼呢？」

現在視角

❸ 寫下「我可能會後悔的人生」

- 不拖延眞正想做的事，不在人生留下遺憾
- 寫下的內容就是自己「理想的時間運用方式」和判斷的基準

・後悔「害怕失敗而不敢挑戰」的人生
→從接受小的挑戰開始做起

時間的價値觀

藉由這三個方法，你可以從三個不同的角度審視自己眞正想做的事。①「願望清單」從未來的視角切入；②「今天最開心的三件事」從現在的角度檢視；③「我可能會後悔的人生」同時從過去、現在與未來的角度鳥瞰整個人生，反思時間對你的意義。要找到眞正想做的事，不該只用單一時間視角，而應從整體時間軸出發，以全局視野理解。

即使還不確定眞正想做的事是什麼，你也必須以自己重視的價値觀爲基礎，踏實完成眼前的任務，制定可行的計畫，一步步邁向理想的未來。這些都是實現「想做的事」不可或缺的條件。

找出「不想做的事」的方法

要探索自己不想做的事，可以**每天記錄下：當你感受到負面情緒時，是什麼原因讓你產生那種感覺？**比方說，明明平常很享受與人互動，有時卻莫名感到煩躁。這時可以試著從不同角度思考原因：爲什麼會感到煩躁？爲什麼覺得不開心？不妨從地點、時間、在場的人事物、行爲、自己的狀態等方面著手分析。

有時候，負面情緒的背後可能同時存在多種原因。只在腦袋裡想，往往難以釐清脈絡，所以試著把「自己爲什麼會有這種感覺」寫下來吧！**透過書寫，即使原因錯綜交織、令人感到混亂，也能比較容易找出問題的根源。**

當你了解自己在哪些狀況下容易產生負面情緒後，就要及早劃定界線，避免再度落入這些情況。你可以把「劃定界線」想像成製作一份屬於自己的「使用說明書」。

舉例來說，假設要和人約吃飯，如果聚餐人數眾多（在場的人事物）、餐廳又遠（地點），光是這些因素就會耗費不少精力，因此最好避開工作忙碌期（時間）。**在**

答應邀約之前，先在心裡訂好判斷標準。只要事先決定好標準，就能掌握自己的時間安排，也能避免不必要的壓力。

工作也是如此。一旦決定要做，或已經開始進行的事情，中途要放棄並不容易。因爲這時往往會冒出各種理由，例如：不能半途而廢、怕給別人添麻煩、不想被討厭、不想浪費已投入的心力等。

因此，盡可能在一開始就劃定界線，既能守住自己的時間，也能尊重對方的時間，同時避免背負過多事情。一旦了解哪些情況容易引發負面情緒，就應事先劃定界線。

檢視自己的煩躁情緒

地點	・太遠了，光是來回交通就讓人吃不消 ・環境太吵，沒辦法好好地聊天
時間	・顧慮末班車時間，續攤無法盡興
在場的人事物	・聚餐成爲抱怨大會，帶來情緒負擔 ・人太多，無法深入交談，有點可惜
行為	・即使講不開心的事，也希望用正面話題收尾 ・對方只想被傾聽，無法接受建議
狀態	・連續加班感到疲累，沒辦法好好享受聚會

減少花時間在「不想做的事」的三種方法

接下來，我們將更具體地探討「如何放手」。

我們手邊有太多待辦任務，即使透過各種「省時高效」的技巧，努力擠出零碎時間，仍然難以應付。僅靠微調時間安排，也無法眞正創造出更多時間。

因此，如果不決心放下當前的負擔，就不可能爲自己騰出新的時間。時間有限，把時間花在自己眞正想做，以及只有自己能做的事情上吧！

要放手各種「要做的事」（任務、待辦事項），需要掌握「告別、交付、鬆綁」三個方法。就讓我們從工作與生活兩方面，看看具體的做法吧！

——工作篇

○「告別」那些單純因爲「之前的人這麼做」，於是就照做，但實際效益低、價值不高的工作任務。

○「告別」只剩例行公事，缺乏實質討論的會議。

○重要專案也要試著「交付」下屬執行，既能分擔工作，也能培養下屬能力。

○把那些覺得「自己做比較快」而攬在手上的工作，試著「交付」給他人。

○「鬆綁」非得將企劃書做到完美才提交給上司的心態。

○「鬆綁」談業務一定得要親自拜訪的執著。

——生活篇

○「告別」摺衣服這項家事。

○「告別」使用清洗起來很麻煩的墊子類物品（地墊、坐墊……）。

○把洗碗的工作「交付」給孩子。

○把家事「交付」給家事代辦公司或家電。

○「鬆綁」每天打掃一小時的習慣，縮短爲二十分鐘。

○每週固定菜單，「鬆綁」花時間思考菜色的壓力。

就像以上範例，在後續篇章中，我們將進一步探討，是否能透過「告別、交付、鬆綁」三個方法，逐步放下那些「不想做的事」？

放下不必要的時間浪費，可以帶來什麼？

——要放手的事情主要分為三大類

放下不必要的時間浪費，需要一段時間，並非短短一天就能全部放手。基本上，要放手的事情可分為三大類。

第一類是**「可以立即放手的事」**。例如仔細打掃、回覆郵件等具體又細瑣的任務，只要善用「告別、交付、鬆綁」原則，就能立刻放手不做，釋放寶貴時間。

以「煮麥茶」為例，有人選擇「不再自己煮，直接買現成的」；有人「把煮麥茶的工作交給家人」；也有人「放寬標準，只在需要時才煮」。同樣是煮麥茶，每個人放手的方式各有不同。

第二類是**「需要鼓起勇氣放手的事」**。已經投入了一定的時間和金錢去做的事，常常會因爲覺得可惜而難以割捨，這就是所謂的「沉沒成本」陷阱。

「沉沒成本」指的是那些已經投入卻無法回收的時間、勞力或金錢等資源。理論上，做決策時應該忽略沉沒成本，但在現實中，許多人仍深受其影響，導致無法做出理性判斷。例如，當一個人發現自己多年投入的職涯或證照考試，並非眞正想追求的方向時，卻因爲捨不得讓「過往的努力與投入全都白費」，而遲遲無法放棄。這正是沉沒成本的典型例子。

有時我們會擔心，如果選擇放手，會不會因此失去自己原本的樣子？尤其是那些進展還算順利的事情，一旦放手，是否也會連帶失去自我價值？

即便現在還無法立刻放手，但重要的是，做決策時要以未來的價值爲依據。請好好思考，該把寶貴的時間和精力投入在哪些事情上，才能發揮最大價值？想清楚了，就鼓起勇氣放手吧！

第三類是**「慣性思維」**，例如完美主義、對事情抱持「應該、必須如何」的想法，或覺得不能麻煩別人、不好意思拜託別人等主觀信念。這些思考習慣多半從小在成長環境和教育中潛移默化養成。別說放手了，很多時候連自己都未必察覺到自己正被這些想法束縛。

時間的使用方式，通常能反映出一個人的價值觀。當你覺得「沒時間」或「不想做」某件事時，不妨試著探索背後原因，你或許就能發現自己未曾察覺的思考慣性。

──放手帶來的收穫

學會放手，可以獲得時間、精神餘裕，以及更好的成果。

「一天二十四小時」是不變的事實，但只要學會放下不必要的任務，就能爲自己想做的事創造出新的「時間」。

以自身的舒適感爲核心，逐步捨棄那些耗費時間卻非必要的事情，身心的不適感會減輕，心理負擔也隨之消散，從而產生「精神餘裕」。

一旦擁有精神上的餘裕，即使是相同的一小時，所產出的「成果」也會有很大的差異。在時間與精神的雙重壓力下，身心疲憊不堪，甚至累到無力萎靡的狀態，與身心均處於穩定狀態時的表現相比，不難想像兩者成果的差距是天壤之別。

在著手進行時間管理、提升效率或養成習慣之前，請先有意識地放下那些在日常生活中讓你感到負擔的事。如此一來，你將逐漸體會到「舒適地運用時間」的重要性。

「時間排毒」的目的，不是要把自己逼到極限，而是要讓身心更趨穩定。唯有當身心安定時，才能更專注地投入眞正想做的事。

放手就是任性？如何自在放手？

對於「放手」這件事，有些人可能會感到內疚，覺得「把自己不喜歡的事推給別人」或「因為不想做就不去做，好像很糟糕」。不善放手的人不在少數。

學會放手，第一步是覺察，再來是坦然面對那些讓你不舒服的情緒，並逐步放下。

——別輕易忽視「不舒服」的情緒

即使意識到自己「心裡不舒服」或「其實不想做」，我們通常仍會選擇擱置，暫時不去面對。「只要熬過這段時間，應該就能好轉」、「忍一忍就過去了」、「覺得煩躁也許只是心理作用」、「交給別人做可能更麻煩」、「畢竟是對我很照顧的人提出的請求」……諸如此類的理由不勝枚舉。因此，在覺察到這些感受之後，接下來的行動便成了能否真正擺脫無謂時間束縛的關鍵轉捩點。

覺察到自己的感受後，重點在於不要忽視它。試著進一步拆解：究竟是什麼讓你感到不舒服？

雖然這是個極端例子，但假設你發現自己「討厭所有家事」，若就此宣布：「我討厭做家事，從今天起我全都不做了！」那只是任性罷了。而且，家人也不太可能就此回應：「沒問題，全都交給我來吧！」這種想法不切實際。

話雖如此，也別一開始就認定「反正最後還是得自己做」、「講了也沒用」、「我自己做比較快」而壓抑真正的感受。否則你只會永遠被時間追著跑，別說追求舒適自在的時光了，煩躁和壓力只會越積越多。

如果只是把單方面的感受直接告訴對方，然後就置之不理，確實顯得任性；但一味壓抑情緒，也同樣是對自己人生不負責任的做法。

若你發現自己討厭所有家事，首先要把這份感受傳達給同住的人，接著提出協商與解決方案，這才是真正的「放手」。

不放手的風險

如果總是把事情緊攬在自己身上，最終也可能讓周遭的人陷入不幸。因爲不放手，形同剝奪了他人成長和發揮的機會。例如在家庭中，將家事逐步交由孩子負責，也有助於培養孩子的獨立性。

在工作上，管理層雖然明白培養部屬的重要性，卻常因「自己做比較快，品質也有保障」或「尚無合適人選可交付」等理由，而無法妥善分派任務，結果忙得分身乏術。從長遠來看，這不利於提升組織整體生產力，因此也可以說是沒有扮演好管理者的角色。

若某項工作長期由特定人員負責，有時可能演變成除了當事人以外，其他人都一無所知的「屬人化*」狀態，這也是一種潛在風險。

因此，有意識地主動放手，絕對不是任性。

---

* 編註：日文中的「属人化」一詞，指業務過度依賴特定個人，缺乏透明化與知識分享，導致他人難以順利接手，衍生業務中斷的風險。

放手的訣竅：漸進式放手

不善放手的人多半是因為陷入了「要放手，還是不放手」的非黑即白思考模式。當事情被簡化成二擇一的極端選項時，就需要很大的勇氣才能真正放手，因此更難做到。

在此過程中，許多人會把「家事」、「工作」和「發懶耍廢的時間」等，籠統地視作一整塊。然而，**想要放下那些不必要、又耗費時間的事情，關鍵在於將每個項目細分，具體列出執行內容，並以循序漸進的方式放手。**只要先從能放手的部分開始，再逐步擴大放手的範圍即可。

請對照第75頁圖表，依照以下步驟一到五，實際操作看看。

①請把第24頁中以顏色標示的「**①必須做的事**」，以及未標色的時間段內進行的活動，逐一細分並具體列出細部任務。

②接著，將這些任務分類到四個象限中：縱軸的兩端分別為「喜歡」與「不喜歡」、橫軸為「輕鬆順利（執行時不費力）」與「需要心理助跑（必須先鼓起幹勁才能開始）」。

③**右上象限：喜歡且輕鬆順利**——屬於「幸福任務」。這些事情能帶來幸福感，值得持續增加。

右下象限：不喜歡但輕鬆順利——屬於「擅長任務」。雖然是你擅長的任務，但如果不喜歡，不妨設定期限並適時放手，讓心情更輕鬆自在。

左下象限：既不喜歡又需要心理助跑——屬於「最優先放手任務」。請參考第三至五章內容，透過「告別、交付、鬆綁」，逐步放下這些事情。

左上象限：喜歡但需要心理助跑——可能是因為任務本身規模太大，可以嘗試將它拆解成更小的步驟，好讓自己更容易著手並順利完成。

④針對下半部的「最優先放手任務」與「擅長任務」，依據以下指標繼續細分為四類：以橫軸表示耗費時間的長短，縱軸表示效益的高低，並將其歸類到新的四象限中。

⑤對於「效益高」的事項，無論耗費時間長短，都建議「交付」給他人執行；而對於「效益低」的事項，應優先考慮「告別」，也可視情況採取「鬆綁（放寬標準）」或「交付」執行。

順帶一提，最難對付的敵人通常是「不喜歡卻能輕鬆完成」的擅長任務。也因為做起來不費力，人們很容易找出各種理由，比如「我還能做更多」、「希望能幫上忙」、「只要能讓對方開心就好」、「對方曾幫過我，不好意思拒絕」等，結果就一股腦地把事情承擔下來。

做不喜歡的事情，心裡終究不會感到愉快。因此，建議設定期限並逐步放手，如此才能將時間投入到自己喜歡或想做的事情上。正如前面提到的（第67頁），這麼做能得到「時間、精神餘裕、更好的成果」三大收穫。

找出要放手的任務

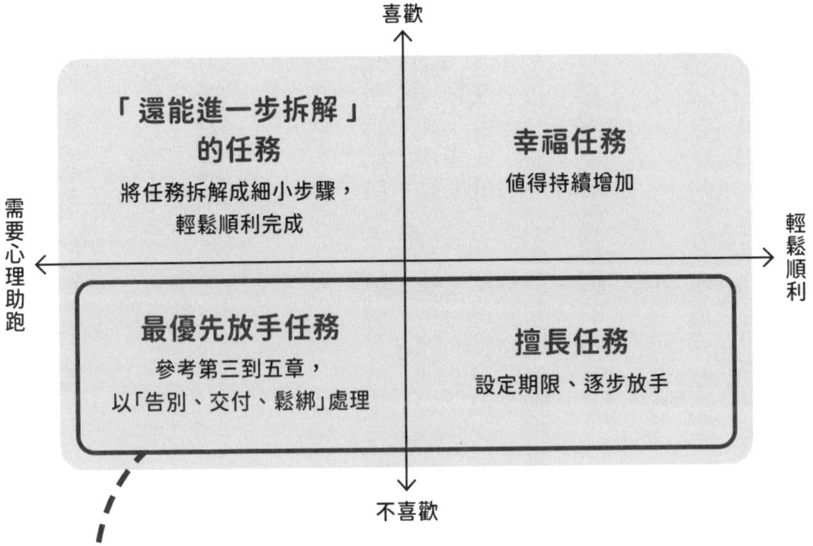

放下「不喜歡的事情」

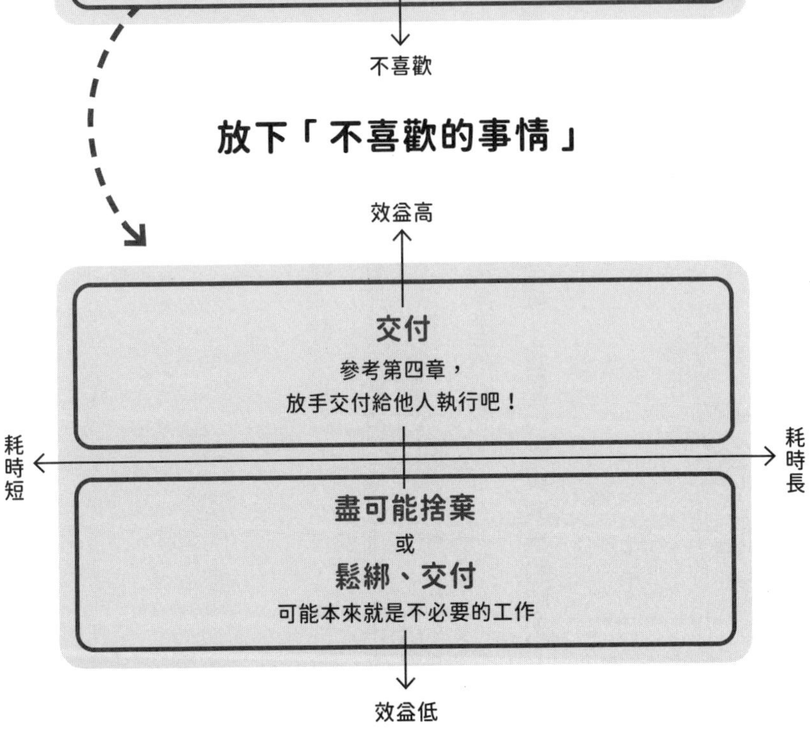

不輕易犧牲的時間

——睡眠第一

對那些有許多想做的事，或曾經投入大量時間追逐夢想與目標的人而言，往往會選擇犧牲睡眠時間，試圖完成更多的任務。在這個過程中，他們既不向人求助，也不想給別人添麻煩，總覺得睡眠是唯一可以根據當天心情或精神狀況自由調整、縮短的時間。因此，即使明知道會導致睡眠不足，仍會選擇削減睡眠時間。

但這樣做反而適得其反。**睡眠是支撐身心健康的基礎，也是行動與成果的根本，所以它是最需要被珍視的時間。**

踏入職場後，就不再像學生時代時那樣，能將一天二十四小時完全用在自己身上，也不像二十多歲時，即使睡眠不足，也能勉強撐過去。過了三十歲，即便再怎麼硬撐，隨著年齡增長，預支體力的身體開始發出悲鳴，漸漸吃不消。

睡眠不足只會讓整體表現下降。不僅影響工作進度，還會導致錯誤頻繁、身體更易疲憊、情緒起伏劇烈，甚至會將煩躁情緒發洩到家人身上，最終使人與理想中「舒適的時間運用」越離越遠。即使是爲了在有限時間內完成想做的事而減少睡眠，效果也會大打折扣。

然而，對那些行動力強、想做的事很多的人來說，即使理性上明白睡眠的重要性，仍然會不由自主地犧牲睡眠，選擇先完成眼前的任務。

如果你也是這樣的話，不妨嘗試看看「睡眠優先週」。**先從一週開始，把睡眠擺在最優先的位置。**由於只是限時一週的挑戰，你可以輕鬆以遊戲的心態來執行。

即使只是短短一週，也能眞切感受到身體和精神狀態的顯著改善。一旦親身體會到成效，自然會提高對睡眠的重視。

與其犧牲睡眠拼命工作，不如確保充足睡眠，盡量多睡一會兒吧！

零碎時間「快速補眠」的好處

你通常會如何利用零碎時間呢？

你是否也曾有過這樣的經驗：原本只想休息一下，於是打開社群媒體，結果時間咻一下就溜走了？若想避免像這樣浪費掉零碎時間，可以預先將任務細分化。這麼一來，一旦出現零碎時間，就能毫不猶豫地馬上開始執行。

不過，**如果在零碎時間裡也塞滿事情，結果反而讓自己疲憊不堪，那就得不償失了。**適度小睡、稍作休息或舒展筋骨，其實同樣值得重視。

特別是在午後昏昏欲睡或感到疲勞時，「強力小睡」（Power Nap）是一種非常有效的應急對策。由社會心理學家詹姆士．馬斯（James B. Mars）提出的「強力小睡」，指的是在中午到下午三點左右的時段，進行十五到三十分鐘的短暫午睡。如今有些企業也會推行「強力小睡」，幫助員工提升效率與專注力。

保持整體表現力

爲了維持良好的整體表現力，需要預留必要的時間。所謂「良好的整體表現力」，是指身心充滿活力、頭腦清晰的狀態。

身體的活力，必須依靠充足的睡眠和放鬆時間來維持。

心理的活力，則有賴於保持心理的從容感。一旦缺乏這份從容，就容易因小事而煩躁，看什麼都變得消極，甚至失去動力，提不起勁。

頭腦的活力，表現在能夠產生創造性的想法，或者順利推進工作。以我自己爲例，除了每天寫作之外，還從事培訓講師的工作，每天持續進行知識輸出（output）。但如果只有輸出，大腦就會漸漸變得像乾涸的湖泊一樣，湖底泥土龜裂，讓人即使想創造也湧不出靈感。因此，我特別重視預留輸入時間（input），以確保大腦隨時保持充沛活力。

提到「輸入」，一般會聯想到透過書本吸收知識，或學習新的事物，但輸入的形式並不僅限於此。從刺激大腦的角度來看，親近大自然、欣賞藝術，甚至讓大腦徹底放空、重新開機，也都屬於輸入的範疇。

雖然說要放下無謂的時間浪費，但並非所有時間都能隨便捨棄，而是要有選擇地保留最重要的部分，特別是那些你常常不自覺削減或延後的睡眠時間、零碎時間，以及用來取得平衡、維持整體表現力的時間，都應該優先守護。唯有如此，才能眞正提升一天二十四小時的價值。

拉近理想與現實的距離

試著先把自己「理想中的一週時間運用方式」寫下來，然後與實際的一週時間記錄（見第24頁）對照，比較出理想與現實之間的落差，並思考該如何縮小這段差距。透過這一步驟，你將能更清楚地分辨出哪些時間是必要的、哪些是不必要的，進而有意識地刪減不必要的時間浪費。

寫下對自己而言最舒適的時間運用方式，其實就是在設計屬於自己的「理想一週」。同時，也請把「不想放手的時間」與「想放手的時間」一併列出來。是否能夠實行，暫時不必考慮，重點是先寫下來。

——逐一放手，就能更接近「理想的一週」

第一步，先決定每天的起床時間，再往前推算所需的睡眠時數，最後設定就寢時間。

確定就寢時間後，就能依序安排晚上、傍晚與白天的時間。先把整體時間規劃寫下來，如果發現時間不夠用，請檢視行程過滿的時段並適度調整。

將理想的一週與實際的一週分別寫下來並加以比較，就能掌握兩者的差距。掌握差距後，便能判斷可以放手哪些事情，並一項一項逐步放手。只要持續這麼做，就能漸漸靠近自己理想的生活方式。

不過，寫下的「理想一週」有時未必就是自己真正想要的樣子。等到實際執行後，也常會發現和原先想像不同。遇到這種情況時，請重新寫一次，無論重寫多少次，只要持續修正並付諸行動，就能逐漸靠近真正令自己滿意的一週生活方式。

第 3 章

時間排毒①
告別

告別「時間不夠用」焦慮

每天都在「時間不夠用」的焦慮中度日，和能按照計劃從容運用時間的人，哪一種人的幸福感會比較高呢？事實上，擔心時間不夠用，光是那份焦躁與匱乏感，就已經消耗了你寶貴的時間。放下時間不夠用的焦慮，學習脫離時間匱乏感吧！緊接著，我們就來探討引發「時間不夠用」焦慮的三大原因，以及對應的解方。

①「低估所需時間」引發的焦慮

覺得「時間不夠用」最常見的原因，就是把事情安排得太緊湊。換句話說，許多人在做計畫時，常常低估了實際所需時間，結果不是做不完，就是來不及，總是在時間壓力下手忙腳亂。

有些人甚至沒有估算所需時間，就匆匆開始執行，結果花的時間比想像中還多，最後也難以如期完成。也有些人只是憑著「大概需要這點時間吧？」的直覺來抓時間，結果同樣陷入困境。時間預估不準確，整個計畫就可能一路延宕，最終只能在時間壓力下疲於奔命。

此外，人們在規劃時間時，常常預設一切都會順利進行，自己也能時時保持最佳狀態，卻忽略了現實中各種突發狀況可能打亂進度。像是臨時有人找、身體突然不舒服等情況，其實都相當常見。

因此，**請從養成「預估每件事所需時間」的習慣開始**。時間估算越準確，越能避免因時間緊迫而產生的焦慮。

不妨**先以一週爲單位，記錄自己在各項事情上花費的時間**。無須給自己太大壓力，不必每天詳盡記錄所有任務，想到時再寫下來也沒關係。重點是先開始，把實際花費的時間記錄下來。

接著，**請根據這份紀錄，估算各項工作的平均所需時間**。正如前面提到的，即使是相同的工作，因爲情況與環境不同，實際花費時間可能會有所差異。不過，我們的目的是掌握大致的平均所需時間，而不是要精準計算，只要誤差在可調整的範圍內即可。

完成時間預估後，也別忘了記錄實際花費的時間。這麼做能幫助你清楚看出哪些事情花費的時間比預期還久，進而作爲下一次估算時的調整依據。

持續反覆進行「預估所需時間→實際執行→記錄實際花費時間→修正估算」的流程，是提升時間估算準確度的關鍵。

對於不常做的事情，或是初次嘗試的任務，一開始要準確估算所需時間，本來就比較困難。遇到這種情況時，**不必執著於精確估算，而是應多預留一些緩衝時間**（詳見第90頁）。一般來說，可以將總時間抓爲原本預估時間的三倍左右。

②「未來不可預測」引發的焦慮

對未來的不確定感，是造成時間焦慮的原因之一。有些人心中雖然有想做的事，卻因爲對未來感到不安而遲遲無法規劃；也有人擔心突發狀況打亂計畫，因此不敢提前安排，總是拖到最後一刻。

這樣一來，在計畫尚未確定之前，腦中就會反覆思考同樣的問題，既耗時又費神，最終還會影響日常工作的效率。有時甚至要等到最後一刻才匆忙行動，急促的節奏反而讓自己筋疲力竭。

如果一時之間無法決定「何時」要開始行動，也沒關係。不妨先大致訂個時間點，例如**「〇年〇月再重新評估是否要做」，先把這個決定權交給未來的自己。**這就像是有意識地把球拋向前方，對自己說：「未來再來接住它吧！」懷抱這樣的積極心情，先把想做的事交給未來，也等於爲自己設定一個「做決定的時間點」。

決定「何時要做決定」，正是掌握時間主控權的關鍵所在。一開始在安排未來計畫時，或許會感到不安。我自己也曾因爲「不知道未來會發生什麼」而感到忐忑。但現在，有些工作我已經排到一年後，如果沒有長遠的時間視野，很容易被時間牽著鼻子走。私人時間也是如此，像是每半年一次的定期健檢或美容院預約，我都會在當次行程結束時就預約下一次，好讓自己提早掌握時間安排。

先把部分行程確定下來，就能以此爲基礎安排後續時間，不必再爲「萬一臨時有其他安排，是否就不能再排其他行程」這類問題感到困擾。**將已確定的行程寫入行事曆或手帳，讓時間視覺化之後，就能一目瞭然哪些時段有空、哪些時段較忙，更容易安排後續的計畫。**

安排未來的計畫，不應只限於與他人的約定，更要**爲自己想做的事、夢想與目標預留時間**。事實上，應該優先將與自己的約定排入行程，否則很容易陷入「等有空再做」的拖延陷阱。

即使現在覺得「時間不夠用」，幾個月後的行程通常仍有空檔；趁還有餘裕，先爲自己想做的事預留時間，並把它寫進行程表吧！

不過，光是把事情寫進行程表，並不代表任務就完成了。當你與自己約定了時間後，如果臨時有人邀約或工作委託，你是否也曾想過：**「反正不守約也不會造成別人困擾，而且又不急。」於是輕易打破了與自己的承諾？**這樣的態度，其實是在告訴自己：「我根本不重視和自己的約定。」也暴露出對自己時間的輕率。這樣的時間使用方式，自然無法帶來自在舒適的感受。

當然，我並不是說與自己的約定一點都不能改動。畢竟，有時確實需要臨時調整。遇到這種情況時，**請務必在其他時段重新安排留給自己的時間**。要記住，不是取消，而是調整；或者可以設定變動次數的上限，努力守住與自己的約定。

③「缺少緩衝時間」引發的焦慮

當你能減少時間預估的誤差，就能擬定更實際可行的計畫，「時間不夠用」的焦慮也會隨之緩解。如果能再多做一層準備，從一開始就預留一些緩衝時間，心理上也會更加從容。「Buffer」一詞原意為「緩衝物」，在商業領域多用來表示「預留時間餘裕」。

只要一開始就將緩衝時間納入行程安排，就能更有餘裕地因應延誤、追回進度，甚至有機會提前完成計畫。以下介紹三種「設置緩衝時間」的方法，試著找出最適合自己的方式，並實際安排進行程中吧！

方法一：**爲每項任務預留緩衝時間**。

例如，預估三十分鐘完成的任務，可以額外加上十分鐘作爲緩衝。

方法二：**在一天的最後設定緩衝時間**。

例如，下班前的一小時（下午五點到六點）不安排行程。

方法三：**在一週的最後設定緩衝時間**。

例如，把星期五整天保留作爲緩衝時間，不安排任何行程。

緩衝時間不僅能幫助你在截止日期逼近時，避免過度慌亂，也能留出空間因應突發狀況，甚至提前推進想做的事情。它讓整體節奏更從容，心情更自在。從現在開始，養成預留緩衝時間的習慣吧！

設置緩衝時間

方法一　「爲每項任務預留緩衝時間」

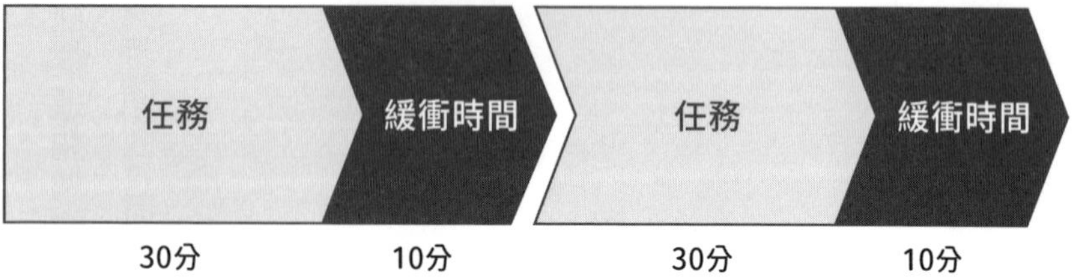

方法二　「在一天的最後設定緩衝時間」

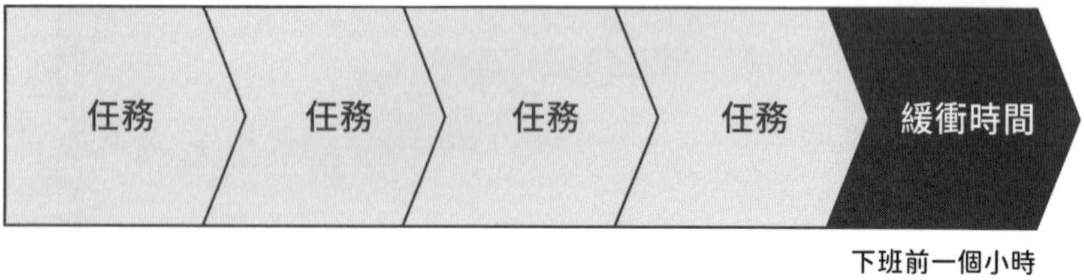

方法三　「在一週的最後設定緩衝時間」

告別對「省時、高效、TP值至上」的執著

腦中裝滿各種想做的事、總想全部完成的人，往往會思考：「有沒有更有效率的方法？」「能不能再節省一點時間？」

近年來，「TP值」（Time Performance，時間效能）的概念逐漸受到重視，越來越多人關注如何用最少時間換取最大的效益。不過，我們也該思考：**究竟爲了什麼而省時？又爲了什麼而追求高效率？**

順帶一提，「TP值」指的是花費時間與結果滿意度之間的比值，強調的是「質」的概念；而「省時、高效」則偏重於節省時間這件事本身，著眼於「量」的概念。

——現代人喜歡追求TP值？

知名鐘錶品牌精工（SEIKO）在《精工時間白皮書2024》中，針對人們的時

間使用習慣進行調查，了解現代社會對TP值的重視程度及其實際情況。此次調查對象爲年齡介於十五至六十九歲的男女共一千兩百人，詢問他們在日常生活中對TP值的重視程度（可複選）。結果顯示，有58%的受訪者表示「行動時會考慮TP值」，78.5%的人「希望能迅速找到正確答案」，71.5%的人「希望避免浪費時間」。由此可見，現代人在日常生活中普遍注重時間效率。

關於人們重視TP值的主要原因，調查結果顯示，多數受訪者是出於「希望能更有效率地獲取資訊」以及「不想把時間浪費在無謂的事情上」。

談到TP值，最常被舉出的例子就是以倍速觀看戲劇、電影和影片。由於「想縮短追劇或看影片的時間」，以及「爲了跟上話題，希望能把熱門作品都看過一遍」等原因，偏好倍速播放的人越來越多。

對此，我們應該思考，自己究竟是爲了什麼目的觀看戲劇或電影？如果是爲了搜集與周遭人對話所需的資訊，那麼觀影的目的就是「獲取談資所需的資訊」，在這種情況下，倍速觀看便是節省時間的合理選擇（此處不討論這種做法的優劣）。

但如果是爲了放鬆心情，想細細品味戲劇或電影本身的魅力，那麼就不需要特別在意TP值，因爲倍速觀看難以享受其中的樂趣。

——「TP值」是爲了滿足誰的需求？

我們爲何如此重視時間效能？爲了在有限的時間內獲得成果與滿足感，TP值已成爲一個重要的衡量指標。

然而，**若過度追求眼前的效率，從長遠來看，是否反而越來越遠離了「充實的人生」？**失去體驗的機會，讓生活逐漸變得像冷冰冰的機械運作。這些無形中產生的影響，其實對我們造成了深遠的傷害。

根據《精工時間白皮書2024》的調查，在時間效能觀念已深入人心的社會中，有52.9％的人對於「凡事都講求時間效能」感到不適應；73.8％的人「希望偶爾能停下來，好好思考一件事」，但同時也有52.4％的人坦言「難以抽出時間停下來好好思考」。另外，49.8％的人「希望增加什麼都不做的時間」，但也有35.9％的人覺得「什麼都不做的時間會讓人感到害怕與不安」。

大多數人一方面渴望能停下腳步好好思考，也希望擁有更多「什麼都不做」的時間；但另一方面，卻又對這樣的空白時光感到不安……這種矛盾心情，反映了人們在追求時間效能時的迷惘與困惑。

我認爲，這種矛盾心態本身就是一種無謂的時間浪費。眞正重要的是，**別把「時間效能」與「慢活」視爲非此即彼的選擇**；而是要依照不同情境，由自己掌握節奏，決定何時該追求時間效能，何時該放慢腳步。換句話說，如何運用一天二十四小時，應由自己來決定。

同時也要提醒自己，別過度執著於「省時高效」。**無論是投入興趣、專注其中，或是純粹放鬆，都不必急於追求效率；試著順著時間的流動，盡情沉浸其中，才能讓身心得到眞正的放鬆與重整。**那份心靈的滿足感，會讓當下的時光變得更加充實，也會使接下來的生活更爲豐盈。

如何運用一天二十四小時，最重要的是以自己爲主體做出決定。以剛才的例子來說，可以將「因爲想跟上周遭人的話題，所以用倍速觀看影片」轉化爲「我想快點知道結局，所以選擇倍速播放」。也就是說，這是由自己主導的決定，取代了以他人爲中心的被動心態。至於覺得「什麼都不做的時間令人害怕或不安」，是否是因爲過度在意他人的眼光或社會普遍看法呢？

雖然一開始可能會感到忐忑不安，但隨著逐漸養成「因爲我想這麼做，所以決定這麼做」的態度，對時間的滿足感自然會提升。

告別「犒賞型『想做的事』」

即使把所有想做的事都列出來，對每件事的熱情和在意程度其實各有不同。清單裡混雜著眞正想做的事、想嘗試的事，以及那些只是暫時放進去、以後再看看要不要做的事。

爲了把時間用在「眞正想做的事」，就必須學會割捨那些「其實沒那麼想做」的選項。

——塞滿「想做的事」，眞的會更幸福嗎？

「想做的事」這個詞看似簡單，有時卻也可能只是作爲一種「犒賞」。當然，犒賞本身並非壞事，爲生活安排一些歡樂時光，讓每天更充實，的確是件美好的事。

然而，若只是將這些「犒賞」當作塡補內心空虛的手段，就難以眞正藉由想做的事，實現豐富且充實的人生。

我剛出社會的前幾年，非常喜歡去看K-POP韓團演唱會。用現在的流行語來說，可以說是過著十足的「推活」*追星生活。

不過，那段快樂的時光，其實只是我用來紓解工作與人際關係壓力的手段。雖然演唱會當下、演唱會前後，以及和同好聊偶像時都讓我感到非常開心，但即使延長這些時間，內心仍有種無法填滿的空虛感。

現在，我終於明白當時的原因了。

因爲除了快樂的追星時光之外，生活中的大部分時間都被「不想做，但又不得不做的事」填滿了。

當時的我正處於夢想破滅的時期，對職場生活毫無期待。只是抱著「大學畢業了，總得找份工作，做什麼都好」的心態過日子。在那樣的狀態下，實在難以積極面對工作。對我來說，工作就是工作，我只是默默完成分內的事，既不主動多做什麼，

* 譯註：「推活」（日文：「推し活」，OSHIKATSU）意指「粉絲活動」，涵蓋透過各種方式支持和應援喜愛的人或事物，例如觀看相關影片、聆聽音檔、閱讀文章，或購買及蒐集相關周邊商品等。

也不清楚自己的強項在哪，感覺自己像是在低空飛行般得過且過。無論做什麼都陷入惡性循環，壓力不斷累積。

我明明想在工作上好好表現，卻總覺得怎麼做都不順利。心裡常浮現這些聲音：「工作本來就是這樣」、「大家都在努力，別再天眞地想些有的沒的」、「只有極少數人能把興趣當工作」、「每份工作至少得撐滿三年」……我用這些理由不斷說服自己。最後，追星成了我在苦悶生活中的救贖。

雖然我偶爾能讓自己從低落的狀態轉爲正面，那種感覺卻無法持久。反而因爲日常生活與快樂時光之間的落差太大，情緒起伏更加劇烈，日常壓力也因此變得更沉重。當時的我就像放開了韁繩，失去掌控，只能拚命抓緊什麼，努力不讓自己從馬背上摔下來。

直到某天，我才突然意識到：**就算把想做的事排得再滿，只要那些不想做的事仍纏繞在心，快樂的時光也很難眞正快樂**。那終究只是暫時的權宜之計罷了。

就像怕冷的人穿再厚的襪子，也只能暫時抵禦寒意。如果不改善導致手腳冰冷的生活習慣，終究無法從根本解決問題。

——用行動提升自己的時間價值

於是我開始反思：在把行程塞滿「想做的事」之前，是否能先讓那些「不想做的事」所佔的時間，變得更有價值？

那時我問自己：「如果此刻就死去，我甘心嗎？」接著又問：「我想一輩子做這份工作嗎？」「我想過著整天抱怨的人生嗎？」答案全都是「ＮＯ」。我想像自己不停抱怨的樣子，心裡立刻湧現：「我討厭那樣的人生！」「把時間浪費在抱怨太不值得了。」

儘管還不確定該怎麼做，但我向自己承諾：爲了打破現狀，一定要有所行動。

要履行這個諾言，我必須先在心裡充分理解並眞正接受「爲什麼非行動不可」的理由。以我當時的例子來說，動力來自內心眞切的感受：「把時間浪費在抱怨上，太可惜了。」「我不想就這樣結束人生。」

之後，我開始思考各種改變現狀的可能性，例如：現在的工作是否還有努力的空間？要不要申請調到其他部門？還是乾脆換工作？我將各種選項攤開檢視，只要覺得可行的，我就付諸行動。

最後，我決定去留學。爲了這個目標，我開始存留學費，對工作也燃起新的動力。同時，我訂下了留學前先去語言學校上課的計畫，讓下班後的時間變得更加充實。

改變現狀就像下黑白棋，雖然無法一舉翻盤，但可以逐步扭轉局勢。時間的運用也是如此。**即使無法一下子把所有時間都用在想做的事上，只要有意識地主動選擇，就能慢慢朝理想的方向前進。**時間的價值，可以透過自己一點一滴地提升。

告別「只顧眼前任務」

當工作堆積如山、時間不夠用時，我們通常會優先處理眼前的任務，尤其是那些截止日迫近、緊急度高的工作。但這樣一來，只會讓自己不斷被「死線」追著跑，心情總是焦慮不安。爲了避免這種狀況，就必須在截止日前提早完成手上的任務。

美國管理學大師史蒂芬．柯維（Stephen R. Covey）在《與成功有約》一書中，提出了「時間管理矩陣」，以「緊急度」與「重要度」爲兩大軸線，將事情劃分爲四個象限，並依此決定處理的優先順序。

第一象限：緊急且重要

第二象限：不緊急但重要

第三象限：緊急但不重要

第四象限：不緊急也不重要

所謂「只顧眼前任務」，就是指優先處理時間管理矩陣中第一象限與第三象限的任務。

我們先從盤點第三象限中那些「緊急但不重要」的任務開始。例如，沒有實質議題的例行會議、不重要的電話聯繫與報告，以及無意義的社交應酬，這些都屬於這個象限的類別。

第三象限的任務，包括那些對自己而言不重要，但在組織中必須有人處理的緊急事務。這些事務雖然緊急，對個人卻不具重要性。為了減少這類事務，應在組織內尋求合適的改善方法，例如導入ＡＩ或數位工具，或重新檢討會議及報告的必要性。

在個人層面，像是回覆ＬＩＮＥ訊息、接聽推銷電話，或臨時邀約等，也都屬於此象限範疇。面對這類情況時，記得**別被對方的節奏牽著走，而要根據自己的判斷選擇應對方式**，才能掌握主控權。

最重要的是第一象限，也就是「緊急且重要」的事項，例如災害、事故、病痛的處理、客訴應對，以及臨近截止日的工作。像災害或事故這類突發狀況，原本就難以

時間管理矩陣

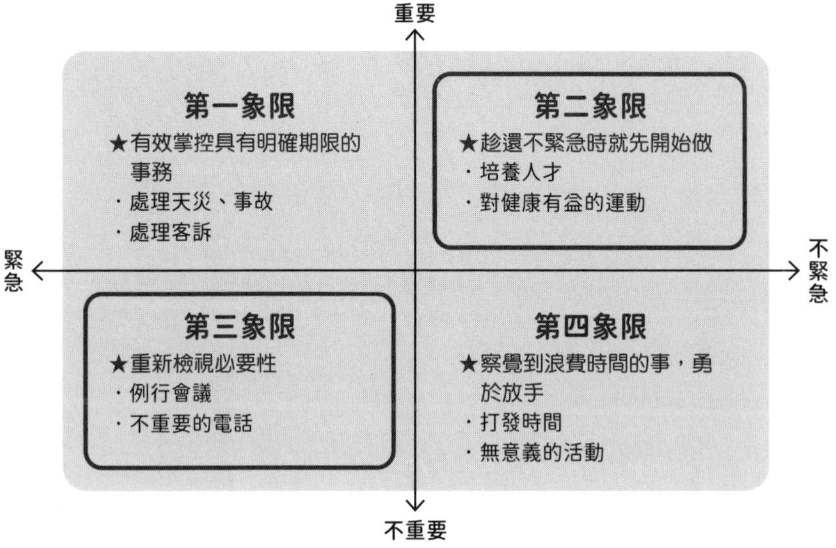

預料；病痛和客訴雖然能事先擬定對策，卻仍可能遇到完全無法防範的狀況。相較之下，截止日則不同，這是可以由自己掌控的。

期限可以透過預估所需時間並清楚掌握進度，提前進行調整與協商。正因如此，持續將時間「可視化」並掌握整體狀況，就顯得格外重要。

掌握截止期限的關鍵，在於第二象限。第一象限的任務既緊急又重要，常讓人陷入截止日逼近、焦慮慌張的狀態。如果每天只專注處理第一象限的事情，原本「不緊急但重要」的第二象限任務，最終會升級到第一象限，形成不斷被時間追趕的惡性循環，心理負擔也因此大幅增加。

所以，最好在第二象限的任務緊急度升高之前，就提前著手處理。要跳脫被緊急事情追著跑的惡性循環，**建議趁未來幾個月行程尚未排滿時，預先規劃處理第二象限工作的時間。**只要能爲這些「不緊急但重要」的任務安排充裕時間，就能更從容應對，避免陷入被時間追趕的困境。

告別「拖延夢想」

大多數人在安排行程時，習慣優先處理那些緊急、必須立即完成的事，或是與他人的約定。但是，這樣的安排方式容易讓人陷入被時間追著跑的困境。**安排行程時，最重要的是先爲「自己眞正想做的事」預留時間。**

面對邀約時，你是否也經常排除萬難、重新調整行程，把原本留給自己的時間輕易讓出去了呢？

這麼做，其實是用拖延的方式，把那些明明重要且有價值的「想做的事」，因一句「有空再做吧！」而削弱了它的價值。**這不只是對眞正想做的事缺乏重視，更等同於看輕自己。**

或許有人會覺得：「有那麼嚴重嗎？」但不妨想像：如果是你的孩子，對他自己眞正想做的事選擇視而不見，你會有什麼感受？光是想像那個畫面，我就覺得非常難過，甚至有些生氣。而當我們輕易讓出原本屬於自己的時間，其實就等同於做出看輕自己的行爲。

就算你早已想做某件事，如果不主動決定何時開始行動，它永遠只能停留在想法裡。轉眼間，一年、兩年就這樣過去了。

無論是能立刻實現的小願望，還是需要經年累月才能達成的大目標，只要是自己眞心想做的事，都值得被認眞對待，絕不該被忽視。即使現在沒時間，也要**預先在未來的空檔，把「對自己的承諾」排進行程表**。這是讓自己能自在、愉快運用時間的重要原則。

告別「每天的待辦清單」

在時間協調的概念中，建議**以一週爲單位管理任務**。這樣不僅能靈活因應突發狀況，也能調整節奏，確實推進每一項待完成的工作。

臨時被指派工作，或自己及家人身體不適，這類意料之外的狀況總是難以避免。面對需要緊急處理的突發事件，原本的計畫常常被迫重新調整。

如果每天都必須重新修正計畫，不僅費時又費力，也容易產生「今天又因爲處理突發狀況，沒能完成想做的事」的挫敗感，增加自我否定的頻率。若能以一週爲單位管理任務，就能避免這些不必要的煩惱與時間浪費。

我們先來釐清「任務」（TASK）和「待辦事項」（TO DO）的差異。

所謂「待辦事項」，是指尚未設定完成期限的項目，通常是把「總有一天要做的事」或「必須做的事」隨手記下來。由於缺乏明確時限，難以一眼判斷優先順序。有時我們會先做看似能馬上完成的事項，卻可能導致最後什麼都沒做完。

相對地，**「任務」具有明確的完成期限**。只要期限清楚，緊急程度一目瞭然，也就不必花時間猶豫「先做什麼」或「接下來做什麼」。

因此，把要做的事寫下來之後，別讓它們停留在「待辦清單」上，而是要爲每件事項設定完成期限，轉化爲「任務」，並依照優先順序逐一執行。

據說**百分之五十的任務可以在一小時內完成**。將完成的任務劃掉，也會帶來成就感與暢快感。

不過，如果總是完成一些小任務，很容易讓人產生「今天也有進展！」的錯覺，這其實很危險。因爲這些短暫的成就感，可能會讓你忽略那些眞正重要、需要投入時間和精力去完成的事情，而不自覺地將它們擱置一旁。告別每天的待辦清單，開始以一週爲單位管理任務吧！

告別「年度目標」

每到新年，許多人都會訂下今年的目標，但到了四月、五月，再被問及年初設定的目標時，多數人早已忘得差不多了。研究顯示，能夠在年底仍記得年初目標的人不到一成。既然超過九成的人都會忘記，那麼眞的有必要訂立年度目標嗎？

重點不在於「訂下目標」這個行爲，而在於能否確實「達成目標」。而要達成目標，必須將它拆解成每天可執行的具體行動，並持續付諸實踐。

目標越大，階段目標就越難設定。我經常收到這樣的諮詢：「雖然設定了目標，卻不知道該如何整理出必要的任務。」這主要是因爲目標期限拉得太長所致。**若無法依循「目標↓計畫↓任務」的順序逐層拆解，幾乎不可能達成目標。**

所以，別再執著於「一定要訂立年度或其他長期目標」了。尤其是針對自己眞正想完成的事，**爲了擬定切實可行的行動計畫，建議將年度目標拆解爲四個「每三個月**

爲一期」的階段目標。相較於年度目標，三個月目標更容易規劃，也更能落實爲實際任務。

此外，你也能更眞實掌握自己可用的時間。試想：現在訂立目標後，你能挪出多少時間來實際行動？一兩個月後的時間，很可能早已被各種行程塡滿。如果不將這些現實狀況納入考量，執行計畫就容易流於理想，一開始就可能卡關。

訂立「年度目標」還存在其他執行上的盲點。

舉例來說，一旦開始行動，目標可能會隨之改變。你也許會發現「原來這件事並沒有想像中那麼想做」，或是「眼前還有更需要優先處理的事情」。這些轉折通常都是在眞正行動之後才會察覺。

另一方面，年度目標也容易讓人心生「不急，反正一年內完成就好」的想法，結果一拖再拖，轉眼可能已經過了好幾年。就像突如其來的疫情，讓原本想著「有空再去吧！」的國外旅行無法成行。世界不會停下來等你行動。

就個人目標而言，與其一次訂下一整年的大目標，不如從較小的目標著手，更容易擬出具體可行的行動計畫。

不妨將年度目標拆解爲四個「三個月目標」，分段實踐吧。如果這四個階段目標都能順利完成，當然是最理想的結果；即使沒能全部達成，也至少邁出了第一步、第二步，甚至第三步，仍能穩穩地朝目標靠近。反觀只設定一個龐大的年度目標，最後的結果往往只有「達成」或「未達成」兩種可能。相較之下，將目標細分，即使對所需時間的估算不夠準確，也能讓整體計畫更貼近現實，穩健推進。

告別「等哪天有空再做」

你是否也有一些一直很想做的事，卻總對自己說：「等哪天有空再做吧！」結果就這麼擱著，始終沒有下文？

我並不是在責備你。這種想法誰都有過。只是，**如果不親自決定所謂的「哪天」究竟是「哪一天」，很遺憾地，那件事你可能一輩子都不會去做。**

說到底，這或許跟「人性本懶」有關。我自己就是這樣：早就想開始學皮拉提斯了，但拖著拖著，幾年過去，始終沒踏出第一步。

「還有很多事要忙」、「光想到要花時間找教室就覺得累」、「這間地點不好」、「預約好麻煩」、「接完孩子回家就不想再出門了」……這些不想做的理由，壓倒了我想開始學皮拉提斯的念頭。

直到某天，我突然下定決心，不再只是想著「哪天再做」，而是明確決定了「什麼時候去做」。當時我發現，自己早就想去的那家咖啡店，竟然就在我之前留意過的皮拉提斯教室附近。再加上剛好拿到課程體驗優惠券，這些機緣湊在一起，我便把握機會，預約了體驗課。

就因爲這個偶然的契機，我開始去上皮拉提斯課。送小孩上學後，我會先到咖啡店工作一會兒，再去上課，下課後再回到咖啡店稍作休息。就這樣，一套舒服又順暢的日常節奏自然建立起來，也讓我能持續下去。

想做的事之所以能實現，關鍵在於**把「想做」變成「去做」，把模糊的「哪天」具體化爲明確的「哪一天」**。如果一直抱著「等哪天有空再做」的心態，想做的事只會一再被拖延，始終無法實現。告別「有空再做」的渺茫期待，現在就決定，什麼時候開始做吧！

告別「高估自己」

訂下過於理想的計畫、對時間估算過度樂觀、以為只要靠一股幹勁就能完成目標，甚至認為犧牲睡眠就能應付一切……這些都是對自己期待過高的表現。

一旦無法完成自己訂下的計畫，便覺得「連這點事都做不到，我真沒用」。這種反應，其實也是出於高估了自己。人本來就有惰性。

在規劃時間和擬訂計畫時，多數人往往不自覺地高估自己。

在某次培訓課程中，我請學員寫下自己一天二十四小時的時間分配。其中一位學員寫道：睡眠六小時，工作（含通勤）十五小時。他說，雖然有很多想做的事，卻總是抽不出時間。為了解決這個困擾，他認為自己必須學會更有效率地運用時間。

但當他實際寫下自己的時間使用狀況後，才終於意識到一個現實：扣除睡眠和工作，每天只剩三小時可自由支配。而這三小時，一眨眼就在吃飯、洗澡、出門準備等瑣碎事情中悄然流逝。

在這樣的情況下，會覺得被時間追著跑也就不足爲奇了。這並不是靠更努力或提升效率就能解決的問題。

認清現況後，他決定主動做出調整：不再加班，並善用每天三小時的通勤時間，開始付諸行動。

多數人之所以高估自己可運用的時間，主要是因爲缺乏切實可行的計畫。其根本原因，在於未能正視現實，並且對所需時間的估算過於樂觀。

若想實現目標、完成夢想，關鍵在於擬定一套自己能夠持續執行的行動計畫。

雖然我說得頭頭是道，但剛才提到的皮拉提斯課程經歷還有後續——我堅持去了半年，後來卻又整整停了半年。

原因其實是我那怕麻煩的毛病又犯了。明明知道送小孩上學後，只要沒有約，我大概就不會再出門，卻還過度自信地想：「一定沒問題，先工作到午餐時間再出門。」但吃完午餐後，又心想：「還是繼續待在家工作好了。」結果整天都沒出門。之後，我又以工作忙碌爲藉口，整整半年沒有再去上課。

我相信有很多人意志比我堅定、也更能持之以恆。但**人們很容易先替自己找「不做的藉口」，而不是「行動的理由」**；對時間的掌握，也常常高估自己、過於樂觀。所以，包括我在內，我們都該對此有所自覺。

在這個例子中，我認清了「高估自己」的事實，於是重新擬定更切實可行的計畫，重啓皮拉提斯課程，至今已持續半年。

告別「決定之後的猶豫」

所謂有決斷力的人，是什麼樣的人呢？根據《廣辭苑*》第六版的定義，「決斷力」是指在猶豫不決時，能夠做出明確抉擇的能力。

「決斷力」被視為現代商務人士應具備的能力之一。在這個即使沒有標準答案，也必須找出最佳解方的時代，同時推進多項任務時，更需要具備妥善安排優先順序的能力。

劍橋大學教授芭芭拉．薩哈基安（Barbara J. Sahakian）的研究指出，人們一天最多要做出三萬五千個決定，從「吃什麼」、「穿什麼」到「接下來要做什麼」……可見，決斷力不僅在工作中重要，在日常生活中也同樣不可或缺。

* 譯註：日本具權威性的日文國語辭典之一，由岩波書店發行。

——做了決定，就不再反覆猶豫

決斷力固然講求迅速果斷，但比速度更重要的是，一旦做出決定，就不再動搖。最浪費時間的情況之一，就是煩惱半天卻什麼都沒做。時間白白流逝，結果什麼都沒改變。

先下定決心「一定要做出決定」吧！一再拖延，只會讓你不停反覆思考同一件事，不僅浪費時間，也消耗大腦記憶容量，最終還會影響整體表現。因此，在追求決斷速度之前，請先立下「一定要做決定」的決心。

爲了避免在做出決定後陷入後悔、不安與猶豫，事前的充分調查與評估非常重要。

人生中，我們經常面臨沒有標準答案的抉擇——要報考哪所學校？要做什麼工作？是否轉職？該不該步入婚姻？站在人生抉擇的十字路口，這些選擇其實都沒有正確解答。也正因為沒有正確解答，**我們只能在下定決心之前，盡力做好準備，並透過行動讓自己的選擇成為正解**。即使需要花時間仔細思量，也別一拖再拖，徒然浪費時間。務必要為自己設下明確的期限：必須在何時之前做出決定。

面對攸關人生的重大決定，我們常常會拖延，直到真正「下定決心」為止。設下了期限，才會促使我們認眞思考並付諸行動。就像工作上的案子，由於牽涉多人，一旦確定期限，每個人就會各司其職，全力以赴。反觀個人的事務，因為承諾的對象只有自己，往往會放寬標準，遲遲不下決定。而那些勇於實踐、眞正活出自己想法的人，都有一個共通特質：總能做到「自己的決定，自己堅守」。

告別「不需要的數位檔案」

你是否也聽過這樣的說法：工作能力強的人，桌面總是保持整潔？如果桌面堆滿文件和雜物，視線被多餘資訊干擾，自然難以專注工作。

根據調查，商務人士每年花在找東西的時間約有一百五十小時。越是忙碌，桌面越容易凌亂，找東西反而更耗時，許多人應該都有過類似的經驗吧。這種「找東西浪費時間」的情況，不只發生在實體桌面，連電腦裡也同樣如此。

有一次，我在某家企業舉辦內部培訓，進行到任務分類的練習時，提到第二象限「不緊急但重要」的任務（參見第103頁），有位學員將「整理共享資料」列爲該象限的任務。他說，之前想找類似專案的資料，因爲資料雜亂存放，光是搜尋就花了半小時以上，浪費了不少時間。個人的桌面和電腦檔案只需要對自己負責，但共享資料卻會影響其他共事的人。

電腦裡的文件、照片、影片，以及收件匣裡的郵件，如果不定期整理，很快就會塞滿。建議訂下規則，例如「每月十五號，花三十分鐘整理檔案」，定期檢查並刪除不再需要的檔案。

比起實體物品的堆積，我們較難察覺電子檔案持續增加帶來的影響。然而，當資料累積過多時，找資料不但耗時，手機和電腦的運作速度也會變慢，這其實是在提醒你該注意了。

除了整理身邊的物品，也別忘了定期清理手機和電腦裡的數位資料！

告別「不知爲何而做的事」

回顧自己一天的行程紀錄，是否有些工作只是照慣例、沒多想就做了？試著找出這些事情。例如以下幾種情況：

○沿用前任負責人留下的做法，實際上並不重要的工作

○每週例行召開，卻沒有實質議題的會議

○只是照慣例交差了事的每日工作報告

有些工作，你可能只是因爲「被交代了」或覺得「本來就應該做」而執行，卻沒有仔細思考它的目的或意義。**不妨停下來想一想：這件事究竟是爲了什麼而做？**

如果發現某些工作其實不必要，或覺得應該改善，就試著放手不再做。可以利用放手後騰出的時間，專注於更有價値的工作（也就是第二象限中「不緊急但重要」的事情）。

有些事情可以自行決定不做，有些則需要取得上司同意。此時，可以先分析現況，釐清該工作的目的與背景。對於效率低落或已經不合時宜的部分，建議與上司及相關人員共同討論，檢討如何調整工作流程。

在調整工作流程時，若能先設定淘汰標準，有助於明確決策。舉例來說，可以將「不影響客戶滿意度」、「不影響員工成長」、「不會造成風險管理問題」以及「不影響公司業績」等作為判斷依據。

不只是工作，只要對生活中的每一個行動都抱持明確的目的意識，就不會迷惘，行動也不會偏離方向，時間也不再被白白浪費。

告別「爲他人而活」

我們曾提過，可以依據「緊急度」與「重要度」這兩條軸線，將任務劃分爲四個象限（參見第103頁）。每次講到這裡，總會有人問：「緊急度的判斷標準很好理解，但重要度又該如何判斷呢？」

對此，我的回應是：「**請思考這件事對未來『理想中的自己』是否重要？用這個標準來判斷就可以了。**」

我們常常不自覺地在意世人的眼光，選擇不會偏離「一般」或「普通」的生活方式，有時甚至會將這樣的框架強加給別人。像結婚、生育、購屋等人生大事，往往就是根據這些普遍標準來規劃。

做人生規劃當然不是壞事，適度參考普遍標準來擬定計畫，有助於掌握未來需要準備的事項，也能減輕對未來的不安。

若能彈性運用人生規劃當然沒問題。但如果讓它變成僵化的標準，例如「幾歲以前一定要買房」、「爲了退休生活必須存到兩千萬，所以不能出國玩」等等，人生不就被這些既定標準束縛住了嗎？

在人生道路上，做出與大多數人不同的選擇，難免會感到不安、害怕，甚至會很辛苦。但如果總是活在他人的眼光下，持續走著別人爲你設定的路，最終也會感到疲憊。因爲那樣的生活，其實是迎合別人的期待過日子。

如果哪條路都不容易，那就選擇一條自己眞正認同的道路吧！不管選擇哪條路，都要自己做主、自己決定。別再活在他人的期待中，爲自己而活。

告別「時間小偸」

「時間小偸」這個詞廣爲人知，源自德國作家麥克・安迪（Michael Ende）的兒童文學作品《默默》（Momo）。故事中，一群被稱爲「時間小偸」的男人，打著優化流程、提高生產效率的名義，不斷催促村民加快腳步，讓他們誤以爲自己在節省時間，實際上卻被奪走了時間。

透過這部作品，許多人開始反思：當時間被奪走，究竟會對人生與幸福感帶來多大的負面影響？

在職場上，像是無效率的對話、無意義的會議、遲到、無法遵守截止期限等行爲，**不僅嚴重影響生活品質與工作效率，也剝奪了他人寶貴的時間。這樣的行爲，可以說是一種時間的偸竊行爲。**

提到「時間小偷」，雖然多半是從效率或生產效能的角度來說，但我認爲，**奪走一個人「感到舒適自在的時間」同樣也是一種時間小偷**。

例如，職場上的霸凌行爲、社群媒體上的言語攻擊，或是在電影院觀影時響起的手機鈴聲……這些都是干擾心靈平靜、破壞了原本期待時光的「時間小偷」行爲。

——不讓自己和他人變成時間小偷！

避免成爲別人的「時間小偷」是最基本的前提。但除此之外，還有兩件事也需要特別注意：

一、不成爲自己的時間小偷。

二、學會避開那些會偷走你時間的人。

所謂「不成爲自己的時間小偷」，就是停止以自我犧牲的方式努力。亞當・格蘭特（Adam M. Grant）在他的著作《給予》中提到，即使是「給予者」，也分爲成功者與失敗者。書中指出：「成功的給予者並非靠自我犧牲，而是具備利他傾向。」

學會給予很重要，但有些人卻把它解讀為「先把自己擺一邊，一味地付出到底」。這種「先把自己擺一邊」的想法容易演變成自我犧牲，必須特別留意。不求回報、全心全意地幫助他人，並不代表要犧牲自己。不犧牲自己，也同樣能成為他人的助力。**「給予」不是單方面成就對方，而是讓彼此都能互相成就。**

為公司、團隊、客戶全力以赴固然重要，但若是承擔了超出自身負荷的工作，天天加班，連陪伴家人和睡眠的時間都被壓縮，那麼自己的幸福終究只能被擺在後頭。

唯有自己先感到幸福，才有餘力為他人付出。

有許多人並不自覺自己有自我犧牲傾向。特別是那些行動派或目標導向強烈的人，常常會告訴自己「我還能更努力」，不知不覺就把自己逼入困境。

「還能更努力」這樣的想法在某種意義上也沒錯。但如果你已經感到疲憊，那就表示現在的狀態其實是靠自我犧牲在支撐。因此，希望你能**以自己的「舒適感」為核**

心，選擇能讓自己自在的方式去付出。

學會避開那些會偷走你時間的人，也是守護自己舒適時間的重要一環。無論對方是影響你的工作效率、破壞你的舒適感，還是削弱你的幹勁，都請試著與他們保持距離。有時候，需要以堅定的態度斷絕關係，也可以透過改變自己所處的環境來保持距離。

時間是寶貴的資產，自己的時間就應該由自己好好守護。

同樣地，別人的時間也很珍貴。請不要偷走自己和他人的時間，互相珍惜彼此的寶貴時光吧！

第 4 章

時間排毒②
交付

交給家電

在第二章中我們提到，追求省時、高效之前，更重要的是先思考「究竟想如何運用時間」？然而，當我們必須在有限時間內產出成果時，「省時高效」的觀念便成爲重要的助力。

尤其在家務方面，與其耗費時間與體力親自動手，不如交由節能、高效且效果優異的家電代勞，能大幅節省時間與精力。

——滾筒洗衣機的日薪只有110日圓*！

購買家電時，特別值得評估它的「TP值」（Time Performance，時間效能）。許多人考慮購入家電以節省體力和時間，卻常因價格高昂而遲疑。確實，省時與高效率固然重要，但一台家電動輒超過10萬日圓（約台幣2萬元），也不是能輕易下手的金額。

不過，我們不妨跳脫「價格」這個單一視角，從家電的使用壽命與實際使用頻率重新評估它的價值。

舉例來說，若購買一台20萬日圓（約台幣4萬元）的滾筒式洗脫烘衣機，保守估計使用壽命爲5年，則年均花費4萬日圓（約台幣8千元），換算下來，每天成本僅約110日圓（台幣22元）。當然還未計入水電費，但這些支出就算使用一般洗衣機也同樣存在，此處僅就機器本身價格進行估算。

每天只花110日圓，就能省下晾衣、收衣約20到30分鐘的時間。你會覺得「才30分鐘？」還是驚訝於「竟然能省下30分鐘！」從你的反應就能看出你對時間價值的認知。30分鐘可以完成的事情非常多！每天省下30分鐘，一週就是210分鐘（約3小時半），一個月約900分鐘（15小時），一年更高達1萬950分鐘（約182小時半，相當於一週時間）。

由此可見，具備洗脫烘功能的滾筒式洗衣機，不僅TP值（時間效能）高，CP

＊譯註：約台幣22元（以2025年平均匯率計算）。

值（性價比）也非常出色。其他像是洗碗機、掃地機器人、壓力鍋等家電也是如此。**選購時，不應只從價格角度評估，試著從它能爲你省下的時間來衡量價值吧！**

——也不是「什麼都交給家電就好」

如果做家事對你而言是一段放鬆舒適的時光，那麼也不一定非得全部都交給家電處理。

舉例來說，有些人喜歡做菜，烹飪本身就是一種療癒與享受。若只是爲了追求省時高效，強迫自己仰賴機器完成，反而可能感到壓力。

換句話說，**應該先釐清哪些家務是自己眞正喜歡、樂在其中的，再來判斷哪些事可以放手交給家電幫忙。**

當然，也不需要一次就全面檢討所有家務項目，一件件慢慢來、逐步釐清哪些是適合交出的部分即可。過程中若發現某些特別想提升效率的家務，不妨就讓家電來幫一把吧！

交給擅長的人

無論是在職場還是家庭生活中，若僅爲了自己輕鬆而將事情交付，結果往往難以如願。**眞正理想的交付方式，是讓交付者與被交付者雙方都能從中受益。**

對交付者（你）而言，這麼做不僅能騰出時間、減輕負擔，還能將心力投入新的任務與挑戰。而對被交付者來說，則能提升收入、累積經驗、培養能力與主動性，也有助於開拓自身成長的可能。

此外，當交付關係順利運作，不論是職場團隊還是家庭分工，組織力與生產力都會提升，也能逐步擺脫因工作集中於特定個人造成的「屬人化」問題（參見第71頁），活絡團隊內的溝通。

因此，在交付工作時，**應著眼於如何創造「交付者」、「被交付者」與「團隊」三方共贏的局面**；而在職場中，還需納入「顧客」的視角，追求四方共贏。唯有確認能帶來這樣的全贏局面，才決定是否放手交辦工作。

——擅長交付的人，是懂得體貼的人

「交付」通常發生在交付者意識到「有此必要」的時候。例如：當工作堆積如山，忙得焦頭爛額，或遇到不擅長的工作，想減輕心理負擔；又或者希望把心力集中在擅長的領域，或專注於某個重要任務或新挑戰……在這些情況下，把原本負責的工作交接出去，就成了必要的選擇。

前面也提到，交付多半出於自身考量，因此許多人會感到罪惡感，難以開口委託他人。

但事實上，這樣的罪惡感沒有必要。**擅長交付的人，即使從自我需求出發，也會同時考慮對方的利益。**換句話說，他們會有意識地轉換思維，尋找雙方都能受益的交付方式。

擅長交付的人不會爲了節省時間而隨便找人，而是會仔細斟酌交付的對象與時機。他們會持續觀察團隊成員或家人平時感興趣、擅長或願意投入的事情。若缺乏這些細心觀察，就難以判斷該交付給誰，或何時才是最佳時機。

經由多角度細心觀察，判斷出合適人選與時機，一旦交付，便給予信任並陪伴其成長。由於經過慎重判斷，所以絕不會以懷疑的態度交付：不會隨意插手、指手畫腳，也不會在對方尚未詢問前就給出各種意見。山本涉先生在其著作《交辦的訣竅》（暫譯）中指出：「懷疑的態度會削弱對方的士氣，是最不可犯的錯誤。」

同時，爲避免發生不可挽回的錯誤，交付者會在背後默默守護與關注，讓被交付者能安心投入工作。

——丟著不管，是不負責任的行爲

正確的交付還有一項重要原則：**交付後不要急著把空下來的時間塞滿新任務**，必須預留時間觀察被交付者的狀況，並在必要時給予支援。如果只是覺得「終於把事情交出去了，時間變多了！」就立刻把行事曆排滿新任務或清理積壓的工作，卻沒有追蹤交付的工作，那就是不負責任的交付方式。

交付前，要預留時間觀察和傾聽；交付後，也要保留時間持續關注與支持。交付工作時，應以「不會馬上達成目標」爲前提，逐步且耐心地推進目標吧！

交給同事、下屬、上司

在職場中，授權交辦是管理層的重要職責之一。若無法順利放手交辦，組織將難以擺脫對特定員工的依賴，整體運作效能也難以提升。最終不僅生產力無法有效成長，組織發展甚至可能陷入停滯，逐步走向衰退。

——「擅長放手」的上司都怎麼做？

那麼，該如何將工作適切地交付給同事或部屬呢？**對管理者而言，關鍵在於具備「蟲之眼」與「鳥之眼」**＊**的雙重視角**，即能在「團隊內部↕整體組織」、「當下（短期）↕未來（長期）」、「個人能力↕團隊實力」之間靈活切換，從多角度綜合

＊ 譯註：2006 年諾貝爾世界和平獎得主穆罕默德．尤努斯（Muhammd Yunus）以「鳥之眼」（Bird-eye）與「蟲之眼」（Worm-eye）比喻視角差異，鳥眼俯瞰全局，蟲眼聚焦細節，分別象徵宏觀與微觀。

判斷，做出最適切的交辦決策。

請先釐清每位團隊成員的「想做的事」與「個人優勢」。即使對方還未具體意識到自己想做什麼，也可以透過對話交流，從他過去展現興趣、積極投入的工作內容中，整理出主管視角下他「可能想做的事」。

同樣地，也要**將每位成員的強項逐一列出**。與其只看「本人自認擅長的事」，不如多蒐集那些「即使本人未必察覺，卻能輕鬆完成的工作」，或是「團隊成員對他心存感謝的事情」，這樣會更有助於判斷。

不過，**在考慮將工作交付給誰時，若僅憑對方「想做的事」或「個人優勢」其中之一來判斷，實際上並不周全**，可能導致對方接下不適合自己的任務。因此，在組織內交辦工作時，應以是否有助於提升組織力與生產力爲主要判斷標準。

確實，把工作交給擅長的人處理，往往能直接提升組織力與生產力。但從長遠來看，若對方對該項任務缺乏意願（也就是這並非他「想做的事」），便可能逐漸產生疲憊心理。一旦陷入「只要再加把勁就好」的勉強狀態，長期下來不僅可能耗損身心，甚至會選擇離開組織，最終反而損及整體組織力。因此，僅因某人擅長某事就一再委派工作，是必須格外留意的事。

此外，管理者也要以「鳥之眼」的全局視角，從整體組織出發，思考是否有機會展開跨部門合作，例如：將部份業務委託給其他部門，或與其他部門共同推進。畢竟，有些業務若由其他部門承接，效率可能會更高。

在考慮跨部門合作時，同樣需要採取「三方共贏」的視角：評估是否能減輕自己部門負擔？是否能爲其他部門創造成長機會？是否有助於提升整體組織的生產力？反之，若某項業務由自己部門承接會更有效率，也應主動承擔。

主管肩負培育部屬、提升團隊與部門組織力及生產力的重責大任。若始終停留在一線執行者的角色，不論時間再怎麼充裕，總會感覺不夠用。

透過將工作適當交付給同事或部屬，主管能創造出更多可運用的時間，專注於眞正該做的重要任務。如此不僅能最大化個人與團隊的生產力，更有助於實現工作與生活平衡的理想。

——「交付」不是主管專屬的技能

「交付」工作並不只是主管或領導階層才需要具備的能力。無論是請同事協助處理工作，或是部屬與主管討論工作內容時，都能靈活運用這項技巧。

比方說，你想與主管討論某項效率低落的業務。這時最重要的一點是：**別從抱怨的角度出發**。如果只是訴說自己有多不滿、有多不方便，多半只會換來一句「喔，這樣啊……」然後不了了之。更糟的是，還可能被說：「你就先撐一下吧。」

在組織中若想改變既有做法，通常得先取得主管認可。在這種情況下，與其把事情當成「向主管報告」，不如換個角度，以「將解決方案交由主管推動」的心態看待。換言之，**要思考如何讓主管願意採取行動**，並以「提案式」的說明取代單純抱怨。

提案時，可以說明目前的困境、持續現狀的負面影響、解決後的好處，以及具體的解決步驟。更進一步地，若能補充說明解決問題能爲主管帶來的益處，也會大幅提升主管採取行動的可能性。

不論身處主管或部屬角色，「交付」都是適用的技能。透過適當地委任工作，可以提升每個人的時間價值，進而促進整體生產力。反過來說，爲了提升生產力，我們都應學會正確交付工作的方式，創造更多可運用的時間。

交給家人、孩子

每個家庭都有屬於自己的一套「家規」，像是晚餐時間、是先吃飯還是先洗澡，以及採買和洗衣的頻率等，每家的做法各不相同。

這些生活規則會因家庭成員的時間分配而有所差異，通常由主要負責家務的人來制定。

然而，關鍵在於：訂定規則的人，多半是爲了讓自己做事更順手、更有效率，才會如此安排。但這樣的安排，往往也成了默默扛起所有家務的開始。

想要更有效率地處理家務，除了交給家電幫忙之外，也可以將能在同一區域完成的事情集中起來，設計成一套順暢的流程。若能進一步把家人納入這個流程，整體效率更能大幅提升。

以我家為例，過去我常覺得「自己做比較快」，因此很少麻煩家人，家務幾乎都是我一手包辦。平常倒也不以為意，但一旦事情多到忙不過來，就忍不住想抱怨：「為什麼所有事情都只有我一個人在做？」

然而，有一天我發現，丈夫會**根據孩子們的年紀，巧妙地分配家務，適時交付他們能參與的工作**，比如準備餐具、擺好菜餚，或是飯後收拾碗盤等。

把家務交給孩子，一開始往往不如預期，甚至可能更添麻煩。看到這樣的情況，我心裡暗自想：「交代他們這些小事根本省不了時間，反而更浪費時間吧。」儘管如此，丈夫仍持續讓孩子們嘗試參與。

出乎我的意料，幾週後孩子們竟然成了分擔家務的重要幫手。他們不但沒有抗拒，還因為能做的事情增多而感到開心，甚至會自動自發完成該做的家務，這已成了他們的日常習慣。

當我們把工作交給別人時，為了讓自己輕鬆，一下子就把分量較重的任務交給對方。因為我們總覺得，放手那些小事沒什麼意義。而「交付」之所以會失敗，問題就出在這裡。

對於被交付工作的一方來說，若一開始就被託付超出自身能力的任務，做不好是很正常的事。即便如此，交付方仍常認爲「果然自己做比較快」或「品質會下降」。這樣的想法，其實很主觀也很片面。

交付方之所以會猶豫不決，通常是因爲一開始就想把較重的工作交出去，結果不是自己又扛了下來，就是在交付後忍不住插手干涉。

把事情交給家人，尤其是孩子時，更需要循序漸進。在這個過程中，**對於他們一時還做不到的部分，可以適時協助，陪伴他們慢慢學會獨立完成**。就像幫孩子卸下腳踏車輔助輪的過程，起初需要在旁扶著、陪著，接著才慢慢放手。

最後，**讓全家人一起參與，把家務建立成一套有系統的流程吧！**推薦使用白板或其他工具來管理和追蹤家務工作。不論是「指定固定負責人」，還是「按日期或週別安排值日生」，都是可行的做法。請依照你們家的實際狀況，打造最適合自家運作的家務分工制度吧。

交給外部服務

如果光靠制定家規，仍無法滿足「想多一點與家人相處的時間」或「偶爾想放下家務好好休息」的需求，不妨考慮善用「外部服務」。

最容易上手的外部服務是**食材宅配**。你可以訂購一週份的食材，或選擇定期配送的熟食餐盒，讓你在忙碌或臨時有事時更加安心。此外，**叫外送**也是不錯的選擇。當你忙得分身乏術時，善用外送平台就是省時又方便的好方法。

家事代辦服務同樣值得推薦。從採買食材、備餐到打掃清潔，都能請專人協助。將自己不擅長或覺得麻煩的家務交出去，不僅能減少不必要的壓力，還能讓心情更輕鬆自在。

若能以「每兩週一次」等頻率定期委託家事服務，就能避免遺漏那些偶爾才做、容易被忽略的家務，比如水槽周邊的小細節、擦窗戶或除塵等。只要定期請人幫忙，就能維持居家整潔。

現在的外部服務選項非常齊全，就看你如何善加利用。

以備餐爲例，即使不使用外部服務，選擇「鮮切蔬果包」也是不錯的方案。只要充分考量各種選項的優缺點，就能更有效率地運用。使用預先切好的蔬菜，優點是能輕鬆縮短料理時間，也能避免買整顆蔬菜吃不完造成浪費。

但切好的蔬菜也有缺點，例如價格較高、保存期限較短，因爲水分容易流失，風味不如整顆蔬菜鮮美。

有些人喜歡買整顆蔬菜，享受新鮮美味；也有人會選擇買切好的蔬菜，並確實把它們吃完。只要不是在時間已經不夠用的情況下，硬是堅持「蔬菜一定要自己切」的想法，反而讓自己煩躁和壓力過大就好。**別把事情想得非黑卽白，不如學習根據當下情況，做出最合適的選擇吧！**

交給數位工具

把事情交給數位工具處理，最大的好處就是能提升效率與生產力。只要善用因此節省下來的時間，還能讓整體表現進一步提升。

說到「數位化」，你可能會想到那是企業內部推動的專案，似乎離個人生活很遠。但事實上，我們在日常生活中早已習慣使用各種數位工具，像是網購、電子支付、智能家電、線上課程和會議等，這些都是非常典型的數位應用。

本書是寫給那些「有很多想做的事，但時間總是不夠用」的讀者。內容引導大家以自身的舒適感爲基準，重新審視並整理日常任務，捨棄無謂的時間浪費，實現眞正想做的事。

因此本節討論的，並非單純的數位化概念，而是如何善用數位工具，一步步實現自己眞正想做的事。

我特別推薦**活用像ChatGPT這樣的對話生成式AI，幫助你把心中難以表達的想法整理成文字。**

──將心中想法轉化爲語言並不容易

至今爲止，我已爲超過四千位學員提供時間協調的建議。在此過程中，我深刻感受到許多人其實無法清楚說出，什麼才是讓自己感到舒適的狀態，也說不清自己的煩惱或渴望究竟爲何。即使想法還很模糊，**只要能將自己的「舒適感」、「想做的事」、「不想做的事」化爲語言，就能更具體地看見自己該朝哪個方向調整時間的使用方式**。

然而，幾乎沒有人能一開始就說得清楚。將思緒轉化爲語言，本來就是一種需要透過練習培養的能力。如果只是自己悶著頭想，結果往往只是讓時間白白流逝。這時，不妨把ChatGPT當成練習對話的夥伴，透過與它來回對話，幫助你慢慢梳理思路。

重點不是向ChatGPT尋求「正確答案」，畢竟它也無法保證提供的資訊一定完全正確。眞正重要的是，**藉由它提供的提示，幫助你釐清那些一時還說不清楚的想法**。你可以根據它的提示與自己對話、整理思緒、嘗試表達，再回頭向它提出下一個問題。透過如此的反覆練習，思緒會逐漸變得清晰。

如果用詞不夠精準，ChatGPT的回應自然也不會太準確；但經由這樣的互動，其實可以鍛鍊你將想法轉化爲語言的能力。

此處要提醒的是：使用ChatGPT的目的，並不是爲了成爲下指令高手。有些人可能因爲無法立即得到需要的答案，就開始鑽研各種操作技巧，但其實不必如此。只要把ChatGPT當成對話的夥伴就足夠了。

坦白說，我自己也不算擅長操作ChatGPT。但每當我在寫作上卡關、思緒混亂或需要查找資料時，就會請ChatGPT幫忙。

它給出的回應中，經常包含一些我原本不知道的知識，或是從未想過的切入點。**透過這些我過去未曾擁有的視角，我能更深入地挖掘自己真正想前進的方向。**當方向逐漸清晰，也更容易看見接下來可以採取哪些具體行動。

只要弄清楚下一步該做什麼，剩下的就只差付諸行動。而透過行動，就能一步步朝自己理想中的未來前進。

即使是不熟悉數位工具的人，也能輕鬆嘗試與ChatGPT對話。就算語句還不夠完整或精確也沒關係，你會發現，ChatGPT比想像中更貼心，它會陪你一起釐清思緒。就像和朋友或前輩聊天一樣，請放輕鬆，享受對話的過程吧！

交給筆記與手帳

當你將原本模糊的感受轉化成語言，讓那些「無意識」的感受變成「有意識」的想法時，建議你用手寫方式，把這些想法記錄下來。

許多研究顯示，手寫能同時活化大腦多個區域。心理專家DaiGO在《成功最關鍵的事：管控「不如預期」》一書中也指出：「紙本比數位工具更能有效提升記憶力與強化動機。」

現在就開始試試吧！一邊和ChatGPT來回對話，一邊用筆記本整理思緒。將腦中浮現的想法與感受毫無保留地寫下來。此外，下列幾點也可以一併記錄，會更有助於你付諸行動：

○想到什麼就寫什麼，將想做的事逐一列出

○設定優先順序，先聚焦一個最優先的目標

○寫下具體的行動任務（同時想像自己正在執行的情景）

○分別列出「現實一週」與「理想一週」的樣貌

——啟動PDCA循環

「PDCA」是由Plan（計劃）、Do（執行）、Check（檢核）、Action（改善）四個英文字首組成，是一種用來持續改善工作流程、管理目標進度的實用架構，常見於推動業務優化與提升效率。這套方法由美國統計學家戴明（W. Edwards Deming）於一九五〇年代提出。

當你寫下「現實一週」與「理想一週」的行程（Plan）之後，就可以照著這份計畫開始行動（Do），接著回頭檢視自己是否朝著理想中的時間使用方式前進（Check），再思考下一週有哪些地方可以調整與優化（Action），如此就能啟動PDCA循環。另外，也值得重新檢視自己一直以來在做的事情，有哪些是可以透過

「告別、交付、鬆綁」的方式放手不做？

別忘了，要付諸行動去做眞正想做的事。即使已經寫下目標，如果不行動，它們自然不會實現；更重要的是，若無法持續朝目標前進，它們同樣不會成眞。

有鑑於此，**需要擬定一個「既可行又能持續」的行動計畫**。

想要持續行動，靠逼迫自己是難以長久的。因此，了解自己感覺舒適的時間使用方式格外重要，這也關乎你是否眞心想做這件事。即使一開始還無法確定，但**試著先做看看，再回頭想想自己當下的感受，而不是只關注結果好壞。這樣一來，你就會逐漸靠近那些眞正打動你內心的事。**

在筆記本上，盡情寫下腦中的點子、當下的眞實情緒，或是你想做的事情，不拘形式，想到什麼就寫什麼。接著，再利用手帳擬定具體計畫，一邊在「現在與未來」之間來回確認進度，一邊回頭思考：我是否有好好珍惜那些讓自己感到舒適的時間？

交給語言來實現

日文中有個詞叫「言靈」（ことだま），指的是語言中蘊含的強大力量。根據《廣辭苑》第六版的解釋，「言靈」是「寄宿於語言中的神祕靈力」，據說這股力量能讓說出口的話語化爲現實。

是否相信「言靈」完全取決於個人。不過我認爲，**將自己想嘗試的事或想挑戰的目標說出口，確實能帶來一定的效果**。

不管成功與否，只要是想嘗試的事情，我都習慣與身邊的人分享。無論是對工作夥伴、信任的朋友，或是敬重的前輩，我都會主動說出自己的想法。

我的願景是「向孩子們傳遞生命的樂趣」，我會在各種場合不斷提及這個理念。面對團隊成員、朋友、前輩，甚至在接受採訪時被問及，我都會分享這份信念。

說著說著，我順利展開了親子共同參與的「兒童時間協調」企劃。除此之外，我也陸續接到受眾爲國高中生的媒體採訪邀請，並受邀監修小學生讀物。很幸運地，越來越多機會讓我能將「生命的樂趣」分享給孩子們。

一旦在公開場合說出自己的想法或目標，人們通常會更傾向實踐自己說出口的話。這種心理現象稱作「公開承諾效應」（Public Commitment）。之所以會出現這種效果，是因爲我們都想成爲言行一致的人，而不是光說不做的人。

因此我會刻意運用這個心理機制，**把想法告訴那些「我不想失去信任的人」，讓自己進入一種必須立刻行動、無法拖延的狀態。**

在多人協作的職場裡，當大家都朝著截止日努力時，若自己成了唯一拖延進度的人，是說不過去的。他人的目光自然會形成一股無形壓力，推著你往前走。

但面對自己眞正想做的事，能否實現，關鍵在於你是否能遵守和自己的約定。你得訂下期限、遵守期限，行動與否全看自己。當缺乏外在強制力時，更需要刻意創造強制力。而這股力量可以來自向你不想失去信任的人做出宣言。

說得越具體明確，越能清楚知道下一步該如何行動，實現目標的可能性也會大幅提升。善用語言的力量，一步步朝著想完成的目標前進吧！

交給未來的自己

想做的事情或許很多，但時間有限，當下能完成的事終究有限。就像水快要滿溢時，必須及時換個杯子接住；否則一旦溢出，水就會流失不見——那些被迫延後、一直擱著沒做的「想做的事」也是如此。在它們被時間沖散之前，提早掌握主控權、主動接住才是關鍵。

正如第三章（第87頁）提到的，就像用自己的意志把球拋向未來，懷抱積極的心情，把這些事交給「未來的自己」。

如果把「延後」視爲負面行爲，反而可能什麼都想立刻完成，結果每件事都做不好、草草收場；又或者，當眞的不得不延後時，便陷入「我果然還是做不到」的自責情緒中。

與其如此，**不如在被迫延後之前，主動把事情交給未來的自己**。一起培養這樣的習慣吧！

要培養這個習慣，必須先對自己的時間安排、任務量，以及每項任務大約需要的時間有基本掌握。若缺乏清晰的認知，就無法判斷哪些事情該現在完成，哪些可以留給未來。一旦無法做出判斷，就容易背負過多任務，無法負荷，最終把自己壓垮。

所以，**先把腦中「想做的事」全寫下來，再從中挑出一件開始著手**。如果一開始就想同時處理太多事情，反而會讓自己寸步難行。

聚焦在一件事上，開始行動之後，若還有餘裕再逐步加入其他任務，如此實現的可能性也會提高。

覺得「時間不夠」的人，不妨先從一件事開始做起，其他想做的事就放心交給未來的自己吧。

第 5 章

時間排毒③
鬆綁

鬆綁「應該如此」的執著

我們常常在工作、家庭或人際關係中，不自覺地抱持「應該如此」的信念。這些根深蒂固的想法，有時甚至成了讓自己痛苦的原因：

○堅信「加班與長時間工作能通往成功」，於是壓縮了休息與放鬆的時間，結果反而讓工作表現下滑。

○執著於「爲了健康，三餐就該自己煮」，再忙也嚴格講究營養、親自下廚，結果睡眠不足，身體出狀況。

○深信「孩子還小時，就應該時時陪在身邊」，於是犧牲自己的時間，結果壓力與疲勞逐漸累積。

○認爲「只要我忍耐一下，場面就能維持和諧」，於是默不作聲、選擇承受，結果壓抑太久導致情緒爆發。

毫不懷疑地深信某件事，或是在缺乏根據的情況下，無意識地將其視爲理所當然，其實就是一種「定見」。每個人抱持定見的程度不盡相同，但它往往會讓我們看事情的角度變得狹窄，甚至無形中將自己逼入困境。

當然，如果能正向活用這些定見，它們也能化爲強大的力量。試著適度鬆綁對「應該如此」的執著，讓你想做的事與渴望實現的夢想，有更多自由發展的空間。

「應該如此」的想法，與本書多次提到的「非黑即白」思考密切相關。兩者的共通點都是缺乏彈性。非黑即白的極端思維否定了灰色地帶的存在，而「應該如此」正是建立在這種極端標準之上，讓人下意識地認爲必須嚴格遵守。

當我們沒能達到「應該如此」的標準時，就會覺得自己做得不夠好，甚至視之爲失敗。長期下來不僅自我評價降低，也可能加深完美主義的傾向。

而這樣的標準也常在不自覺間套用到他人身上，我們用同樣的標準評價他人的言行與表現，且往往過於嚴苛。久而久之，人際關係也可能因此出現裂痕。

——鬆綁的方法

那麼，我們該如何鬆綁「應該如此」的想法呢？

第一步是**多接觸不同的價值觀**。尤其在年輕時，更要有意識地與立場、背景各異的人交流。因爲如果總與想法相近的人來往，交流圈會越來越狹窄，視野也會隨之受限。

以下是幾個實踐方法，有助於我們拓展觀點、接觸多元價值觀：

- ○嘗試加入線上社群
- ○參加異業交流活動
- ○閱讀書籍，尤其是平時不會選擇的類型
- ○收聽專家或名人的語音節目（Podcast、廣播等）
- ○觀賞國外電影或影集
- ○獨自旅行

○跳脫日常路線，走訪沒去過的地方

「時間協調」的核心是以自身的舒適感爲基準，決定做什麼、與誰相處。因此與價值觀相近、讓自己感到自在的人交流，本來就是再自然不過的事。

但若先接觸多元價值觀，再選擇與理念相近的人來往，與一開始就認定自己的價值觀才是正確的，進而排斥其他觀點、只與同溫層互動，兩者本質上有很大不同。後者不僅侷限視野，也容易讓思考變得片面與僵化。

假設你遇到觀點不同的人，如果只是以「不是我對，就是你對」的框架看待對方，就很容易否定甚至攻擊不同的想法。但是，**當你開始接觸第三種、第四種想法時，就會深刻體認到「自己的想法並非唯一答案」**。

於是，你會習慣思考：什麼做法才是最合適的回應？隨著經驗不斷累積，大腦自然會培養出多角度思考的習慣，這正是「彈性思考」的養成過程。

我能培養出彈性思考的能力，很大程度得益於多年旅居韓國的經驗。與來自世界各地的人共事，讓我得以從外部視角重新認識日本。這些經歷讓我深刻體會到，每個國家都有其獨特優勢，也存在各種差異。

特別是在國外，經常會遇到一些出乎預料的狀況。這些「意外」其實正是因爲我們心中已有一套既定的「理所當然」。在應對突發狀況的過程中，我們便能培養出更多彈性，學會預先思考可能發生的情況，並及早做好準備。

越是面對出乎意料的狀況，越能鍛鍊思考上的彈性。但要鬆綁「應該如此」的僵化想法，並不一定非得出國生活或與不同文化背景的人交流才能做到。

與不同背景的人交流固然重要，但多閱讀書籍也是接觸和理解多元價值觀的好方法。首先要提醒自己：我們視爲理所當然的想法，對別人來說未必如此。

一旦思維僵化，人生的可能性也會變得狹窄；反之，當我們有更多選擇權，想實現的事情也更容易達成。學會鬆綁那些「應該如此」的執念，培養更平衡的視角，也能幫助我們減輕壓力與不安。

鬆綁「手帳必須用得完美」的迷思

我們公司本身有製作手帳，因此經常聽到大家分享使用手帳時遇到的各種困擾。其中最常見的是：「我從來沒有一次把手帳持續用滿一年。」

這樣的困擾背後，其實隱含著一種既定印象：認爲「手帳就該持續書寫」、「得把整本手帳用得淋漓盡致才行」。

——寫手帳不是目的，而是過程

請重新思考：我爲什麼想使用手帳？手帳的眞正用途是什麼？

說到底，使用手帳的目的並不是爲了把它用得多完美，而是**幫助你描繪出理想的未來樣貌。**

手帳的用途大致可分爲以下三種類型：

①自我管理：管理任務與行程（讓日常生活更有效率）
②自我探索：記錄情緒與思緒（有助於更認識自己、促進內在成長）
③目標規劃：訂定目標並追蹤進度（爲了實現目標）

這三個目的都很重要。你可以根據當下需求與用途，挑選最適合自己的手帳。不過**請牢記：透過手帳帶來的成果與收穫，並非終點，而只是過程的一部分。**無論是完成任務、更加了解自己，還是達成計畫目標，這些都不是最終目的。

即使你眞的做到了①自我管理、②自我探索，也按部就班地③實現了目標，仍請進一步思考：這麼做究竟是爲了什麼？

答案或許是：「我想活出眞正的自己」、「我想找到熱愛的事並全心投入」、「我想好好享受人生」——這些，都與你嚮往的生活方式與人生狀態有關，不是嗎？

從這個角度來看，手帳是否用得完美，其實並不重要。**就算沒能天天書寫、就算用得不夠熟練，只要你持續在自我管理、自我探索、目標規劃上穩步前進，就已足**

夠。不妨把焦點放在「如何善用時間、不留遺憾地過好每一天」，充實地享受人生。

反過來說，當你回顧手帳中那些空白頁面時，或許會發現，那正是你忙到連寫手帳時間都沒有的時期。此時，不妨停下來想想：「當時為什麼那麼忙？」「是什麼原因把行程排得那麼緊湊？」這些空白頁本身，也是值得省思的紀錄。無須因為手帳沒寫滿，就急著給自己貼上「失敗」的標籤。

——手帳，只需使用當下眞正需要的頁面就好

從手帳設計者的角度來看，內容都是根據「有其必要性」來規劃，因此不存在無用的頁面。

但實際使用時，每個人在不同時間點與情境下，未必需要使用所有頁面與欄位。**你可以根據自身狀況，決定「現在需要使用的頁面」與「暫時不書寫的頁面」，靈活運用手帳反而更重要。**畢竟，有時比起花時間寫手帳，更需要的是直接付諸行動。

當你心中浮現「一定要把整本手帳用得淋漓盡致才行」的念頭時，請提醒自己：手帳只是幫助你把時間具象化的工具，眞正的目的，是協助你實現想做的事。只要在需要的時候，靈活運用手帳中必須的頁面和欄位就足夠了。

順帶一提，許多使用我們公司開發的「時間協調手帳」的用戶，經常跟我們分享：「這是我第一次能夠持續使用手帳一整年。」不過，這並不是說他們「把手帳每一頁都寫滿、使用得無懈可擊」，而是指他們「**在這一年裡，持續專注地面對時間，學會與時間好好相處**」。他們沒有忘記手帳的本質用途，以「讓自己感到舒適」爲核心，並思考自己想過怎樣的生活、希望如何運用時間。這也代表，他們正踏實地實踐屬於自己的「時間協調」。

鬆綁「早起晨活」的執念

如果你對時間管理有興趣，應該早就聽過無數次「晨間活動有多有效」這類說法了吧？幾乎所有談時間管理技巧的書籍，都會提到如何善用早晨時光。

不過，我也看過不少人因爲過於執著「一定要善用早晨時間」，反而讓自己身心俱疲。

——早晨眞的就是「黃金時段」嗎？

先來了解一下爲什麼早晨會被認爲是特別有效率的時段吧！

一天當中最容易集中精神的時段是早晨。因爲睡眠幫助大腦解除疲勞，所以此時能發揮高度專注力。尤其是在剛醒來的兩到三個小時，更被稱爲「大腦的黃金時段」。

然而，當你想要好好把握這段「黃金時段」，難免會碰上一些現實難題。比方說，孩子七點起床，若想在那之前準備早餐、打理儀容，就得五點起床；或者七點要出門上班，若硬要安排晨間活動，就得更早起，結果反而讓自己吃不消。正因爲知道早晨時間珍貴，才會產生這些掙扎，也自然會想要找出方法因應調整。

在此，我想釐清兩個觀念：

第一、**「善用早晨時間」並不等同於「一定要早起」**。所謂的「大腦黃金時段」，是指從醒來後開始算的兩到三小時。有些人會誤以爲這段時間是「非得早起才能擁有的時段」，但其實無論你是早上五點還是八點起床，重點在於如何運用醒來後的這幾個小時，所以不必勉強自己硬要早起。

第二、**醒來後的兩到三個小時，也未必能全部拿來投入在工作、追求夢想或實踐目標**。若能如此當然很好，但如果因此減少睡眠、導致精神不濟，反而得不償失。

對於在家工作的自由工作者，或是遠距辦公的上班族來說，由於省去了通勤時間，早晨的時段通常比較能自由運用。

但如果必須出門上班，尤其通勤時間又長，情況就會有所不同。

舉例來說，若你早上七點要出門上班，那麼六點就得開始梳洗和處理簡單家務；如果還想在這之前完成一些工作，就得凌晨三、四點起床。當然，理想狀況是能早點睡，確保充足睡眠，但若要睡足七小時，就得在晚上八、九點就寢。再加上通勤時間及下班後的雜務時間，要維持這樣的生活節奏實在不容易。

面對這種情況，不妨拋開非黑即白的想法，思考該如何安排早晨的黃金時段，才最適合當下的自己？

例如，你可以早上五點起床，花一小時準備證照考試，六點開始梳洗和處理些家務，七點出門，通勤途中觀看線上課程影片，晚上十點上床睡覺。

如果早起對你來說很困難，也可以考慮這樣安排：早上六點起床，梳洗後六點半出門，利用上班前人少且不易被打擾的時間學習；晚上再處理家務，十一點上床睡覺。

——不必執著於「早晨時間」

對某些人而言，早晨是用來準備家人的便當或照顧小孩的時間。若想在這之前擠出屬於自己的時間，就必須非常早起。

能好好利用早晨時間當然是好事，但若太過執著，反而可能帶來壓力。試著放寬「一定要活用早晨」的想法，說不定就能找到其他更適合自己的方式。

我自己在生產後，也曾嘗試調整作息，和孩子一起早睡早起。有段時間甚至每天清晨四點就起床工作。然而，育兒是場體力戰，**若爲了早起而犧牲睡眠，就算是「大腦的黃金時段」，也會因爲太睏而無法眞正發揮效能**。

睡眠時間一定要先顧好。在此基礎上，也可以想些方法，例如前一晚先準備好便當配菜，隔天早上讓孩子自己將菜裝進便當盒，這樣就能替自己創造出一些時間。

不必拘泥於「一定要充分利用大腦的黃金時段」。不妨先試著空出早上三十分鐘；如果真的有困難，也可以思考是否能在其他時段挪出時間，反覆嘗試，找出最適合自己的方式。

鬆綁「行動前的心理障礙」

當我們找到想做的事，或發現夢想或目標時，是否就能立刻採取行動呢？事實上，答案通常是否定的。多數人在「想」的時候感到期待和興奮，但眞正要行動時，卻常常一拖再拖，這是人之常情。

——放著不做，「想做的事」會變成怪物

如果將想做的事或實現夢想的行動，看成一座高不可攀的大山，不僅會讓人難以邁出第一步，還可能因爲壓力而白白消耗許多精力。

尤其是那些「重要但不緊急的任務」（第二象限任務），由於缺乏緊迫性，如果沒有進一步拆解或具體化，結果就會被擱置。

久而久之，被擱置的任務會在心裡慢慢變成一頭怪物，原本令人期待的事情，最

後卻演變成「啊！那件事不做不行了」的壓力來源。隨著時間過去，這份壓力累積，你就越不想面對它。如果不正視，那隻怪物就會漸漸佔據心思，讓你分心，做其他事也變得難以專注。

——讓你立刻行動的「二十秒定律」

爲了避免「想做的事」變成心中的怪物，一旦腦中浮現想做的事，就先將它拆解成小任務，這樣就能更順利踏出實際行動的第一步。

完成任務拆解後，再運用「二十秒定律」讓起步變得更輕鬆。「二十秒定律」是哈佛心理學者尙恩・艾科爾（Shawn Achor）在其著作《哈佛最受歡迎的快樂工作學》中介紹的一項習慣養成技巧。人們傾向拖延那些光是開始就很費力的事。**因此，如果想建立好習慣，只要將開始行動的準備時間縮短二十秒，就會容易許多。**

舉例來說，尙恩本人爲了養成早起去健身的習慣，會直接穿著運動服睡覺。即使前一晚已下定決心「明天早上要去健身房」，醒來時仍可能會想「今天還是算了吧」。但只要前一晚穿好運動服睡覺，就能省去換衣服的麻煩，也避免猶豫，等於將出門前的準備時間縮短了二十秒。

另外，像是把書放在平時閱讀的地方，或是讓讀書筆記保持攤開、隨手可用，也都是運用「二十秒定律」的好方法。當你覺得難以踏出行動的第一步時，務必試試這個技巧。

在準備行動之前，**不妨先在腦中描繪自己實際行動的樣子，這有助於預先察覺可能會卡關的環節**。對自己的惰性越有自覺，就越能主動排除行動阻礙。

——擊退誘惑的「十分鐘法則」

你是否也有過這種經驗：一到考試前，總會莫名想打掃房間？這種行爲在心理學

讓行動變得更容易

二十秒定律	★減少二十秒的行動準備時間，養成「立刻行動」的習慣 例如：爲了早上起床能立刻去健身，睡覺前就先穿好運動服。
十分鐘法則	★對誘惑先按下暫停鍵，十分鐘內不去碰 例如：會讓你分心的社群媒體，先遠離它十分鐘。

上稱爲**「自我設限」（self-handicapping）**。

這是一種心理機制，爲了保護自尊，人們會預先替自己設下障礙，確保即使失敗，也能有開脫的藉口。像滑社群或打電動這類行爲，很難當作正當理由，但「打掃」本身是件好事，因此常成爲拖延唸書的絕佳藉口。

每當我們準備開始行動（尤其是面對重大目標）時，即使心裡明白「再不做就糟了」，注意力還是很容易被其他事物分散。畢竟，夢想和目標通常無法立即看到成果，所以會分心於眼前的誘惑，其實很正常。

即使已經把目標細分，也嘗試運用「二十

秒定律」降低起步門檻，有時仍難以踏出第一步。**這時不妨對自己說：「接下來這十分鐘內，先不碰任何會讓我分心的事！」**如此可以防止自己被逃避的慾望打敗。

「十分鐘法則」由美國心理學家凱莉．麥高尼格（Kelly McGonigal）在《**輕鬆駕馭意志力**》一書中提出。方法是在快被誘惑吸走時，先等待十分鐘，讓大腦冷靜下來，並想像自己戰勝誘惑後的樣子，藉此幫助自己做出更明智的決定。

當你面對重大目標，或有想做的事需要持續行動時，請在腦中描繪那個「已經達成目標的自己」。當你快被打掃、滑手機等眼前誘惑拉走時，告訴自己：「這件事我十分鐘內不碰！」並堅持下去。如此你會逐漸減少拖延，回到應該專注的正事上。

立刻行動的關鍵，在於營造有利於行動的環境，並訂定規則幫助自己抵擋誘惑。

爲了讓行動順利進行，我們可以事先拆解任務，並活用「二十秒定律」做好準備；同時，面對誘惑時，也要設下「這十分鐘內不碰」的心理規則。結合「推動」與「剎車」的雙重策略，能大幅增強你付諸行動的動力。

鬆綁「完美主義」的束縛

完美主義者通常懷抱比一般人更高的目標與理想，並努力追求盡善盡美。因此，他們做事有計畫、責任感強、工作細緻，也給人值得信賴的印象。但另一方面，由於自我要求嚴格，常使自己陷入緊繃狀態，對他人也抱持高標準的期待。因爲過度重視結果，一旦成果不如預期，就很容易認爲自己失敗了。

完美主義在以下幾種情況中，也會影響時間的使用方式：

○太過拘泥簡報資料細節、反覆修改到最後一刻，反而影響其他工作進度。

○過於執著家中整潔，花費太多時間打掃，反而壓縮了與家人的相處時光。

○想全方位協助孩子的功課或才藝，反而削弱了他們的學習意願，過程也變得更加費時。

○一心想滿足周圍的期待，硬是把行程排得滿滿滿，結果時間不夠用，還連帶

造成他人困擾。

不只是完美主義，每個人都有各自的性格與特質。當這些特質能夠正向發揮，就會成爲強大的助力；但若走向負面，則可能讓人陷入惡性循環。因此，我們應嘗試引導完美主義朝著「加分」的方向發展。

——沒有自覺的「隱性拼命族」

有一群人，在旁人眼中明顯帶有完美主義傾向，但他們自己卻毫無察覺。因爲總覺得「還有人比我更努力」，所以反過來不斷用「我還不夠好」鞭策自己，也因此通常不認爲自己是完美主義者。

在時間協調術中，我們稱這類人爲「**隱性拼命族**」。他們責任感強，心中常抱持著一種信念：不能做出不負責任的事，所以絕不能失敗。於是，他們傾向訂下完美的目標與計畫，全心全意投入執行，結果反被時間追著跑、身心俱疲。即便如此，他們卻沒發現自己正處在過度努力的狀態——這正是隱性拼命族的特徵。

因為做事俐落、能力出眾，才會被周圍的人寄予厚望。為了不辜負期待，他們更加拼命，而結果是難以接受任何馬虎敷衍的成果，對自己的要求越來越高，不知不覺間成了完美主義者。

「隱性拼命族」本就具備相當優秀的能力，若要善用完美主義的正向特質，就必須有意識地中斷那讓人越陷越深的負面循環。只是，當身邊的人提醒「放輕鬆點」、「別太勉強自己」，他們卻不知如何真正放鬆，結果還是習慣性地拼命努力。

——完美主義者的幸福人生？

首先，**先承認自己「有完美主義傾向」**。如果總以「我不是完美主義者」這種非黑即白的思維看待自己，反而會讓你更難掌握什麼才是「適度」。光是意識到「我可能有一點完美主義」，就能讓內心多出一些餘裕，也更容易退一步，重新審視自己的狀態。

接著，**試著將思考方式從「扣分制」轉換成「加分制」**。

有完美主義傾向的人，容易把目光放在自己沒做到的事，因爲他們習慣將已經做到的事視爲「理所當然」。但正是這些「理所當然」的事，才最値得自我肯定和讚美。

具體來說，在回顧自己的表現時，先從「做到的事」著手。**無論多麼微不足道，都把它們寫下來，並對自己說：「我已經完成了這麼多！」這份自我肯定與讚賞，正是建立眞正自信的關鍵。**

想要實現夢想、目標或眞正想做的事，就必須持續行動。而支撐我們持續行動的力量，來自於「眞心想做」的渴望，以及「無論發生什麼，都相信自己可以」的自我信任感。

因此，平常就要練習先看見自己「已經做到的事」。

當你用「加分制」的心態看待事物，就不會被結果綁架，更能享受過程，幸福感也會隨之提升。更進一步地，若以「舒適感」作爲衡量標準回顧所做的事，便能自然而然地篩除那些讓自己感到不自在的事物，從而更輕鬆、更積極地投入眞正想做的事。

鬆綁對「最佳狀態」的期待

人在立下目標時，通常幹勁十足，容易低估實際所需的時間與成本，並且會以自己「每天都能維持在最佳狀態」爲前提來制定計畫。這種心理偏誤稱爲「計畫錯誤」（planning fallacy）。

尤其在估算任務所需時間時，我們常過度自信於自身能力與當下狀況，進而做出過於樂觀的評估。

──訂下過高目標與計畫時的常見反應

即使知道自己常低估所需時間，仍容易訂出過高的目標與計畫。此時，常見的反應大致可分爲兩種。

第一種是**「行動中止型」**：可能會想「算了，隨便啦」，變得有些自暴自棄；也可能因爲「今天沒達成進度」而自責，甚至否定自己，覺得「我果然還是不行啊」。

即使當下告訴自己：「今天沒做完的，明天再補回來！」但把原本做不完的事硬塞到隔天一次解決，本來就不切實際。這樣不斷堆積未完成的進度，只會讓自己動彈不得，最後甚至乾脆放棄整個目標。好不容易燃起的幹勁若因此受挫熄火，實在很可惜。

第二種是**「過度逼迫型」**：**即使需要加班、犧牲睡眠，也會咬緊牙關，逼自己把訂下的目標和計畫貫徹到底**。

這種行爲源自**「一致性原則」**，意指人們希望自己的言行保持前後一致。

堅持到底的態度固然值得肯定，但如果每次都靠意志力和過量工作才能達成，就應該立刻停止，否則身心遲早會不堪負荷。

即使訂出過高的目標或不切實際的計畫，也不必消極放棄，更不需硬逼自己完成。遇到這種情況，只要適時調整方向即可，沒必要一開始就訂出完美的目標與計畫。

畢竟，**世上根本不存在「完美的目標與計畫」**。就像企業會定期上修或下修計畫一樣，有些事情只有在實際執行後才會明朗。如果一開始就將「隨時修正」視為前提，行動就不會輕易中斷。

——試著訂立「剛剛好」的計畫

既然人們在估算時間時經常過於樂觀，不妨預先以此為前提，設定那種**只要稍加努力就有可能達成的「延展性目標」(stretch goal)**。

目標訂得太高或太低，都容易讓人喪失動力，增加中途放棄的可能性。正因如此，訂出一個「剛剛好」的目標格外重要。但偏偏這個「剛剛好」很難拿捏，常常讓人傷腦筋。

訂出「剛剛好」的目標，有兩個關鍵要點可供參考：

第一、**想像自己達成目標後的樣子，是否讓你感到期待興奮？**如果一想到這個目標，就令你感受到「非達成不可」的沉重壓力，那麼每一步都得靠逼迫自己振作才能前進。這樣的動力並非來自內心「想做」的渴望，而是外在強加、勉強撐出來的動力。這種狀態就像一邊踩剎車、一邊踏油門，給自己帶來的負擔可想而知。

第二、**檢視你的目標是否包含「嬰兒步」（baby step）的設計？**也就是為了實現目標，安排不會太吃力的小步伐或簡單步驟。尤其是第一步，務必要縮小步幅，讓起步更容易。

例如，如果目標是半年後通過證照考試，計劃透過練習題庫來達成，那麼第一週的目標可以訂為實際可行的「每天完成三頁」，並且將行動拆解為「睡前把題庫和筆記本放在桌上↓起床後打開題庫↓做第一題↓完成三頁」。這樣細分任務，能幫助你更順利地邁出第一步。**人一旦跨出第一步，並且能持續一段時間，之後就更容易維持**

行動。

若是中長期目標，也請務必思考應該設定哪些「中間目標」，將整體目標拆解成一個個小任務，才能一步步朝目標邁進？訂定最終目標後，依序設定「中間目標」及「中間目標的中間目標」……如此持續細分，就能穩健前進。

鬆綁「排太滿的行程」

總是把「沒時間」掛在嘴邊的人，通常有個共通點：行事曆裡幾乎沒有留白。從早到晚，每個時段都被排得密不透風。只要一看到空檔，立刻想著：「這裡還有空，可以安排點什麼！」試圖把自己的時間塞滿。

戲劇中常見這樣的場景——秘書向老闆彙報當天行程：「上午有兩場會議、十一點記者會，接著與合作夥伴共進午餐，下午安排工廠視察與新企劃會議，晚上則有投資人餐敘。」這種分秒不差、高效率的行程安排，讓不少人心生嚮往。

但那終究只是戲劇情節。要做到如此緊湊的安排，前提是你得有個能幫忙掌握分秒行程的優秀秘書，或者在你想吃飯時，餐點早已備妥……要把這樣的生活搬進現實，其實有不少條件限制。

如果在不具備這些條件的情況下，還硬是把行程塞得滿滿，只會讓自己疲於奔命。與其如此，不如**有意識地實踐「減法排程」**。

我曾提過，可以在每項任務之後、一天的尾聲，或每週固定某一日，預留「緩衝時間」。這麼做是因爲我們經常低估完成事情所需的時間。若能事先在行程中留有餘裕，即使事情沒能如期完成，也還有調整的空間。

此外，我也推薦一個實用的小技巧：在手帳上**刻意劃出「不和任何人有約」的時間，並用螢光筆標註起來**。即使只是一場線上會議，只要排入行程，前後時間往往也會被牽動。若每天都有約，身心和頭腦都容易疲憊。

尤其是習慣把行程塞得滿滿的人，更需要刻意安排「無約日」，給自己留一點喘息的空間。至於經常在外奔波的外勤族，也可以有意識地安排幾天作爲內勤日，專心處理平時容易被擱置的行政雜務。透過這樣的安排，不僅能讓思緒更清晰，也能更有效率地完成工作任務。

鬆綁對「計畫」的執著

所謂的「計畫錯誤」（planning fallacy），不僅限於對目標或長期計畫的錯估，對日常任務所需時間的估算，也經常會出現誤差。原本以爲一小時能完成的事情，結果卻花了三小時……這樣的經驗，想必你我都曾遇過。

正如我在第三章〈告別「時間不夠用」的焦慮〉（第84頁）中提到，能否準確掌握所需時間，是擬定可行計畫、穩步推進目標的關鍵因素，甚至可以說是最重要的一環。

一開始預估時間時，不妨就預留「原本估算時間的三倍」作爲緩衝。同時，也要**將預估時間與實際花費時間記錄下來，透過反覆修正，逐步縮小兩者之間的誤差。**

——時間太充裕而鬆懈？試試「番茄工作法」

相反地，如果時間預估過於寬鬆，也可能導致中途失去專注力與動力，心想：「反正還有時間，滑一下手機好了。」

遇到這種情況，**與其以任務爲單位，不如嘗試以「時間區塊」來規劃**。自覺難以長時間專注的人，特別推薦使用**「番茄工作法」**（Pomodoro Technique）。

「番茄工作法」是一種時間管理技巧，將「二十五分鐘專注、五分鐘休息」作爲一組循環反覆執行。「Pomodoro」在義大利語中是「番茄」的意思，取名靈感來自這套方法的創始人——顧問兼創業家法蘭西斯科・西里洛（Francesco Cirillo）——學生時代所使用的番茄造型廚房計時器。

在「番茄工作法」中，第一步是將任務拆解成「能在二十五分鐘內完成」的小單位。前面我們談的是針對任務預估所需時間，**「番茄工作法」則是反過來，先將時間設定爲二十五分鐘，再思考有哪些任務能在這二十五分鐘內完成**。

番茄工作法

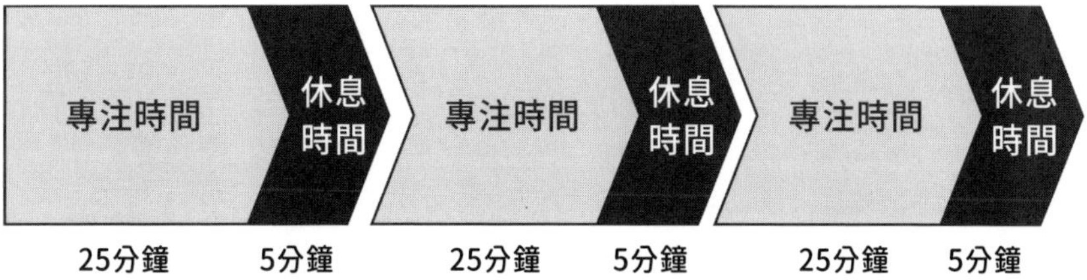

將「二十五分鐘專注、五分鐘休息」作爲一個循環單位，反覆執行

兩種預估方式都能掌握當然最好。我自己會在需要高度專注，或希望盡快完成的工作上，選擇使用番茄工作法。

不過就我個人的經驗而言，如果每天都用番茄工作法管理時間，反而會讓我感到焦慮、像被時間追趕般承受壓力。因此，我通常只會在特別需要專注的時候才使用它。

以自身的「舒適感」爲核心來協調時間，自然會將心力投注在那些眞正想做、做起來快樂又自在的事上。不必強迫自己提起幹勁、奮力前進，也會因內心渴望而讓行動力源源不絕地湧現。

運用「時間協調」的概念來整理與規劃時間，釐清自己要做的事，並培養預估每項任務所需時間的能力。就像汽車即使不踩油門也能緩緩前行一樣，若能在無壓力的狀態下，靠著內在動力自然啓動，才是最能長久維持行動力的方式。

在此基礎上，當你需要高度專注時，再善用番茄工作法，便能穩健推進任務，朝目標一步步邁進。

第 6 章

時間排毒，
看見理想中的自己

「排出」浪費，「補給」有意義的時間

在前幾章中，我們以「心的舒適」爲主軸，從「告別、交付、鬆綁」三個方向學習放手。接下來，將進入下一個主題——爲人生補給有意義的時間。

當每一天的時間都能花在自己感到舒適、並眞心想做的事情上，生活自然會變得充實。日子如此一天天累積，人生也會因此更加豐盛。

然而，如果弄錯了「排出」與「補給」的順序，反而會讓人比以往更疲於奔命，被時間追著跑。這就像身體排毒，必須先排出毒素，才能順利補充營養。同樣地，我們得先清理那些無謂的時間浪費，才能騰出餘裕，去做眞正讓自己感到愉悅、打從心底想做的事。

在此基礎上，我們可以依照自己在生活中扮演的不同角色來分類並整理時間。

我人生中最忙碌、時間壓力最大的時期，是在韓國擔任選角指導的那段日子。那時，我一方面全力衝刺職涯，另一方面也正經歷人生的重要轉折，內心掙扎不已。面對這樣的處境，我首先著手的，就是整理自己的時間。

結婚、生子後，我雖然希望延續職涯，卻在育兒與維持原有工作方式之間陷入兩難，心中充滿掙扎。於是我想到，不如依照自己在生活中扮演的不同角色來整理時間，並逐一列出各角色的時間分配。

這就是五種「我的角色」練習。相關內容將在下一小節（第206頁）詳細說明。現在請先翻到下一頁，看看那張表格吧！

理想的狀態 想變成那樣的理由	時間	三年後的狀態 想變成那樣的理由	時間
從事能掌握時間安排的工作 想自主掌控工作節奏	8h	不受地點限制的工作型態 想到許多不同的地方生活	8h
想要有兩個孩子 我自己是獨生子女，常常羨慕別人有手足	0h	工作之餘，希望能與孩子共度高品質時光 想兼顧工作與育兒	6h
想增加夫妻相處時間 孩子出生前，多享受兩人世界	3.5h	即使有了孩子，也能保有兩人的親密時光 希望夫妻感情長久恩愛、和睦融洽	1h
考慮常備菜或家事外包 下班後煮飯太累了	2.5h	考慮常備菜或家事外包 下班後煮飯太累了	1.5h
除了工作，也有熱衷的興趣 上下班兩點一線的人生太單調乏味	3h	保有工作以外，投入興趣的時間 想認眞鑽研某興趣	1.5h
每天能在十二點前入睡 爲了確保充足的睡眠時間	7h	找到最適合自己的睡眠時長 抱持「一定要睡滿六小時」的想法，反而造成壓力	6h

我的「五個角色」（書寫範例）

	現在的狀態	時間	
「工作」的我	週末或國定假日 有時會需要工作 預計產後三個月復職	12h	
身為「母親」的我	目前沒有孩子	0h	
身為「妻子」的我	工作太累， 休假只想發懶， 覺得這樣度過時間很可惜	2.5h	
做「家事」的我	工作一忙， 做飯的事就全交給先生了	2.5h	
身為「個人」的我	一有空就滑手機， 時間不知不覺就浪費掉了	1h	
睡眠時間	因爲工作或應酬， 經常晚歸	6h	
		計 24h	

理想的狀態 想變成那樣的理由	時間	三年後的狀態 想變成那樣的理由	時間

練習②③

我的「五個角色」

練習①

練習②

	現在的狀態	時間	
睡眠時間			

練習① 盤點你的角色

請花點時間，再一次思考以下問題：

你想過什麼樣的人生？所謂「無悔人生」，對你而言又是什麼樣子？

人生終究會走到盡頭。如果留下「想做卻沒做的事」而感到後悔，實在可惜。請牢記在心：**別再把眞正想做的事一再延後。**

一天只有二十四小時；在這有限的時間裡，我們每個人都身兼多重角色，不斷調整與分配自己的時間。

現在，就讓我們盤點自己在生活中扮演的各種角色，重新檢視時間的分配方式。

隨著年齡增長，我們肩負的角色也越來越多。若只重視「工作時間」和「個人興趣時間」的安排，人生未必就能因此而充實。

在工作與生活型態日益多元的現代，我們更需要有意識地思考：自己希望在每個角色上投入多少時間，並從整體時間平衡的角度妥善調配。

在這有限的二十四小時裡，如何分配每一個角色的時間比例，不僅決定你如何運用時間，更是「活出自我」的關鍵所在。

試著整理出自己的「五個角色」，並把它們寫下來吧！如果角色數超過五個，分配給每個角色的時間會變少，也不易看出現況與理想之間的落差，因此建議將角色限定在五個以內。

相反地，若角色數少於五個，在思考如何改善時間運用時，視野可能會變得狹隘，所以盡可能列滿五個角色。若一時想不出來，不妨回顧一天行程，仔細想想時間都用在哪些事情上。

舉例來說，「五個角色」可以是你在生活中實際扮演的身分，例如①子女②伴侶③父母④主管⑤社區成員；也可以是「執行某些具體行動時的自己」，例如①工作②

副業③自我成長④興趣嗜好⑤家務……

在一場新人培訓中，有位學員A列出了自己的四個角色：「工作的我」、「致力於自我成長的我」、「投入興趣的我」以及「身爲家人的我」，卻一直寫不出第五個角色。

當我問他：「除了這些，你的時間還花在哪些事情上呢？」學員A回答：「我每天大概會花三小時滑手機、看影片，隨意打發時間。」

爲了減少那三小時漫無目的消磨的時間，他將其視爲自己的第五個角色，並取名爲「空虛的我」，同時下定決心重新調整時間的運用方式。

透過這樣的角色區分，不僅能幫助你**釐清各個角色的重要性與眞正想投入的領域，更能有效地分配時間**，並讓你更有意識地放下那些想要減少的時間安排。

練習②　描繪「現在」、「理想」與「三年後」的自己

列出五個角色後，請接著思考：在「現在」、「理想」與「三年後」這三個階段中，你希望如何分配每個角色所佔的時間比例。

這裡所說的「理想」，是指在三到六個月後，你期望達成的理想狀態。作爲整理時間的第一步，請先根據你當前的角色與生活環境，描繪出一個你認爲「時間運用得當」的理想樣貌。

舉例來說，若你目前正在休育嬰假，理想狀態不宜設定在復職後的生活，而是先針對當前的「育嬰假期間」寫出「現在」與「理想」的時間分配。等到這段期間的時間運用趨近理想後，再來規劃復職後的安排。

現況尚未整理妥當，就急著處理下一階段生活，通常很難順利進行。在此也請記

得「嬰兒學步」的概念，踏出小步伐，一步一步，穩穩地踏上每一階。

在寫下「現在」、「理想」與「三年後」各角色的時間分配前，**請先確認自己是否預留了足夠的睡眠時間**。請依序寫下目前的睡眠時數，再列出理想狀態以及三年後希望維持的睡眠時間。

接著，把一天二十四小時扣除睡眠時間，再思考剩餘時間要如何分配：你目前是怎麼分配給各個角色的？又希望如何分配？請以數字形式寫下來。

例如，若你每天睡七小時，從二十四小時中扣除後，剩下十七小時。請試著用數字大致標示，這十七小時你是如何分配給五個角色。

寫下的數字不必精確到小數點，只需大略估算即可。畢竟，這項練習的目的不是要精確計算時間，而是幫助你大致掌握自己在各角色間的時間分配比例。

同樣地，如果不確定某件事該歸屬哪個角色，也沒關係，依直覺判斷就好。比方說，「做菜」既可以算是家事，也可能是爲了家人，或是自己的放鬆時光，究竟屬於哪個角色，因人而異。別想太複雜，順著感覺分類就可以了。

描繪「現在」、「理想」與「三年後」的自己時，也不必拘泥順序，可以先從你覺得最容易下筆的地方開始。

重點是掌握這三個階段的時間分配落差。

一旦察覺到落差，就會自然而然地想縮小差距，開始思考對策並付諸行動，逐步改變時間的使用方式，朝理想狀態邁進。

練習③ 試著寫下「爲什麼想成爲那樣的自己」？

接下來，請試著用文字描繪「現在」、「理想」與「三年後」的具體樣貌。不必照順序，可以從你覺得容易下筆的地方開始。如果對現況特別有感觸，就先寫「現在」；若對三到六個月後的理想樣貌已有想法，也可以先從「理想」開始著手。

書寫時，請避免連續使用否定語句。過於負面的內容，日後回顧時可能會讓自己感到沉重與難受。

例如，有些人在描述「現在的自己」時，會不自覺寫出「我總是無法早起」、「完全沒有自己的時間」等帶有自我否定的語句。如果發現寫下的內容讓自己心情低落，不妨改從「理想中的我」開始書寫。

描繪出「理想的自己」，然後思考：為了實現這樣的理想，「現在的我」有哪些課題需要面對？這能幫助你更客觀地掌握現況。

至於「三年後的自己」會是什麼模樣，沒有人能完全預測，因此不必想得太複雜。你可以先寫下希望在那時「實現了什麼」。我自己也經常把「總有一天想完成的事」寫下來，而這些目標每年都有不少得以實現。說到底，那些只存放在腦中的念頭，與「好好寫下來、經常回顧、放在心上」的目標，實現速度差別真的很大。

另外，也建議記錄家人的年齡，例如孩子或父母，這能幫助你更真切地意識到，他們的成長與變化將影響你的行動範圍和生活環境。三年時間，說不定在公司的職位也會有所變動。

請先自由想像未來的樣貌，再回頭檢視現實。如此一來，你的視野便不會一開始就被侷限。

在描寫「現在」、「理想」與「三年後」的狀態時，有一個共通要點：**與其一開始就著重於「時間的使用方式」，更重要的是先描繪出理想自己的「狀態」**，並思考為了實現那樣的狀態，該如何安排每天的時間？

許多人每天的行動模式並不固定。像是平日與假日，時間安排會不一樣；有工作或沒工作的日子，以及家人在與不在家的情況下，時間的運用方式也會有所不同。

當然，你可以將所有時間安排模式分別寫在不同的紙上。但一開始不必過於執著於細節，先從你現在最想改善的時間安排模式著手，思考該如何調整，才能更貼近理想，並將想法寫下來。

描寫完「現在」與「理想」的狀態後，也別忘了寫下你之所以這麼想的理由。這些理由代表你真正重視的價值。每當需要重新確認方向時，都能回過頭來檢視，提醒自己什麼才是最重要的。

練習④ 決定「一定要做」與「不做」的事

當你開始正視自己的時間使用方式，「現在」與「理想」之間的落差便會逐漸浮現。而一旦這些落差變得清晰，也就能進一步思考：該採取哪些行動，才能逐步縮短這段距離。

此時最重要的是，先明確決定哪些時間你一定要保留，以及哪些行動你想確實執行；接著，再思考有哪些事情其實可以放下，重新篩選並調整任務清單。

請先決定你「一定要做的事」。像是興趣或放鬆的時間，雖然經常在現實中被擠到最後，但若對你非常重要，就要優先排定並確實保留。

同時也請開始建立一份「不做的清單」，將可以放手的事情整理出來，騰出更多時間去做你真正想做的事。

請記住，「決定要做什麼」和「決定不做什麼」同樣重要。**如果無法停止把時間**

耗在不必要的事情上，就難以眞正爲自己創造出更多時間。

透過前面一到四個練習，排出不必要的時間雜質，補充眞正需要的時間。一起來實踐這場屬於你的「時間排毒」吧！

第 7 章

養成「時間排毒×自我回顧」習慣

每週回顧，確認「想做」與「不想做」的事

你有每週進行自我回顧的習慣嗎？

就像我們以一週爲單位管理待辦任務一樣，**回顧也建議以一週爲週期**。

如果你有想完成的事情或目標，光是行動還不夠，還需要定期檢視：自己是否正朝著目標邁進？是否還有更好的做法？也就是要確認進度與行動方法。

若能每天簡單回顧會更理想。不過，日常回顧其實只需確認：「針對這週的計畫，今天完成到哪裡了？」這樣就足夠。若每件事都想面面俱到，反而會讓自己背負過多壓力，難以持續下去。

提到「回顧」，很多人會聯想到PDCA循環：在訂定計畫（Plan）並執行（Do）之後，進行「檢核」（Check）與「改善」（Action）這兩個階段。

透過PDCA循環，客觀地檢視與修正行動確實非常重要（參見第156頁）。然而，從「時間協調」的角度來看，更値得重視的是「情緒回顧」。

所謂「回顧」，並不是爲了形式上的檢討與改善，而是要靜下心來思考：這眞的是我想做的事嗎？這樣的生活是否讓我感到自在？換句話說，這是回望自己內心深處的機會。

即使有些事並非出自「想做」，但如果是爲了實現某個目標而主動選擇去做，或爲累積經驗而暫時決定先做，這樣的情況也很常見，並無不可。

眞正重要的是，這些行動是否源自你自己的意願與選擇，而不是因爲隨波逐流，或受到社會期待與世俗常規的影響，才做出「不得不」的決定。

同時，也請誠實面對自己：你是否曾在不知不覺間，因環境驅使而做出選擇？又是否因爲「應該如此」的既定觀念，而勉強自己去做某些事？

連結理想與現實的關鍵

當你意識到理想與現實之間存在落差時，請先好好盤點現況與資源，思考該如何著手、逐步縮小這段距離。畢竟，理想狀態不是一蹴可幾。

——「慣性思維」形塑出現實的樣貌

回想我擔任選角指導的那段日子，也曾深切感受到理想中的時間安排與現實之間的落差。

那時我發現，理想與實際的工作時數竟相差四小時，於是開始重新檢視自己的時間分配。確實，那份工作會有國外出差和拍攝到深夜的情況，但並非每天如此。

我會覺得工作時間特別長，主要是因爲總處於一種「隨時可能接到電話」的不確定狀態。即使下班了，也難以安心，無法好好享受屬於自己的時間。

曾經好幾次，我在和朋友聚會時接到公司電話，就得立刻趕回工作現場。那一瞬間湧上的無奈與失落感，讓我逐漸減少安排私人行程。

直到某一天，我才意識到自己的時間早已被工作完全掌控。儘管那份工作充滿成就感，生活卻日漸索然無味。我至今仍記得當時心底的吶喊：「我不想要這樣的人生！」

於是，我開始回顧自己的情緒與時間使用方式。這才發現，所謂「我的時間被工作掌控」，其實是自己長期以來的慣性思維，在無形中形塑出那樣的現實。

我以為無計可施，乾脆放棄思考，將那樣的生活視為理所當然，漸漸地，連自己的時間與人生也放棄了。

正因這份覺醒，我才開始思考具體的改善方式。

即使臨時接到緊急電話、必須立刻回公司，我也學著告訴自己：「反正到時候再說吧！」努力調整心態，決定優先珍惜並充實自己的私人時間。當時雖然還不確定該如何落實，只能不斷搜尋、尋找靈感。就在這個過程中，我接觸到「創業」這種工作方式，最終決定朝這條路邁進。

——正視「不舒服」，才能行動並改變現實

連結理想與現實的關鍵，正是你內心感受到的「不舒服」。請不要忽視那些模糊卻令人不安的感覺。許多諮詢者常說：「我說不上來，但就是覺得有點悶悶的。」而正是這種難以言喻的感覺，更需要透過語言釐清與理解。

爲了辨明那些不舒服的感覺，建議每天寫下「最開心的三件事」（參見第53頁），先將注意力放在讓你感到快樂的事情上。之後，再慢慢將目光轉向那些讓你感到不舒服或帶來負面情緒的事。若情緒波動太大，也不必勉強自己，等心情平穩後再去面對。如果當下難以冷靜判斷，不妨先好好睡一覺，讓自己沉澱。

當你開始正視內心的負面情感時，試著問自己：「究竟是什麼讓我產生這種感

覺？」深入挖掘，並將想法寫下來。

接著，寫出你可以採取的具體行動。我們能改變的只有自己，無法改變他人。若自己不採取行動，現實就不會改變。想一想，自己能做些什麼來化解那份不舒服，並將具體行動列出來。

手帳，「看」比「寫」更重要

如同第五章提到，許多人覺得無法好好使用手帳，主要是因爲太過執著於要「寫好、寫滿、寫得漂亮」（第169頁）。

畢竟，不寫下來就無法讓行程或想法具體呈現，因此「書寫」本身仍是必要的。但相比之下，更重要的是「打開手帳，檢視自己的時間」。唯有看見時間的分配，才能眞正了解自己的時間使用狀況。

安排回顧時間固然重要，但若能**養成平時隨手翻閱手帳的習慣，注意力自然會聚焦在進度掌握與後續行動上**。無論是在辦公桌前工作，還是待在客廳休息時，都建議將手帳攤開放著。若不覺得攜帶麻煩，也可以隨身帶著，利用通勤途中或在咖啡店休息時翻閱，這些都是回顧自己時間的好機會。

只要腦中浮現「想做的事」，就能立刻記下來；也能翻開手帳，和自己進行簡單的「策略會議」，思考某事何時開始最合適？怎麼安排才能保有餘裕？

我習慣經常翻閱手帳，讓思緒在「現在」與「未來」之間來回穿梭，也能一眼掌握自己的時間是否仍有餘裕。

請牢記，看手帳比寫手帳更重要。

有了這層認知，寫手帳的心理壓力也會自然減輕。

五個回顧，幫助你舒適使用時間

在時間協調法中，我們重視如何以自在步調度過每一天，並靠內在動力持續行動。而「回顧」的目的，正是幫助我們確認那些「已經做到的事」，讓小小的成功一點一滴累積起來。

以下是進行回顧時可以掌握的五個重點：

①完成了哪些事？

寫下你已經做到、嘗試後感覺不錯，並想持續進行的事——將這些正向收穫具體列出來吧！

我們常常忽略自己已完成的成果，因此要刻意從這裡開始回顧。當你真切感受到「其實我完成了不少事」，內心便會累積自信，而這份自信會轉化爲內在動力，推動你邁向下一步，形成正向循環。你會發現，自己做起事來越來越輕快流暢。

② 預估時間與實際花費時間是否相符？

接著，請檢視每項任務的「預估時間」與「實際花費時間」是否有落差？這能幫助你日後更準確地掌握時間分配。同時，也別忘了確認當時是否預留了足夠的「緩衝時間」？

③ 安排的行程是否有助於集中精神？

請檢視自己是否安排了能讓自己專注的時間與空間？例如，時間點的選擇是否恰當、所在空間或環境是否整潔……這些因素都會影響專注力。請記得，人本來就容易分心，因此更要刻意打造有利於專注的環境。

④ 是在不勉強、舒適的狀態下完成的嗎？

請誠實自問：「這週有沒有什麼事是靠硬撐過來的？」「是否塞入太多行程？」「有沒有勉強自己做不喜歡的事？」「是否壓抑情緒，只爲了撐下去？」若長期以壓抑和逼迫的方式努力，就算短期內能過關，也遲早會遭受壓力反噬。

⑤ 如果還有下一次，要怎麼做會更好？

請客觀地回顧以下事項：「原本想做卻沒做到的事」、「可以再做得更好的地方」以及「嘗試過但難以持續的事」。不必苛責自己，只需換個角度思考：「下次我可以怎麼改善？」就像打電動破關一樣，用輕鬆的心情回顧即可。

這一連串的回顧，建議在週日晚上完成。除了可以好好整理一週的歷程，若能順勢規劃下一週的節奏與行動策略，提前思考要做的事，將有助於你在星期一早上順利啓動，快速進入狀況。

這種做法同樣適用於一天的結尾。每天工作結束前，花十分鐘簡單確認「明天要做的事」，就能讓隔天早晨更從容展開。否則，等到開工時才思考「該從哪裡開始做起？」其實已經浪費了寶貴的啓動時間。

五個回顧重點

❶ 完成了哪些事？

● 寫下那些「已經做到」或「覺得做得還不錯」的事

★ 微小的成功，是累積自信的基礎

· 預先識別風險，提前做好準備
· 睡前伸展，有助身心放鬆

❷ 預估時間與實際花費時間是否相符？

● 比較各項任務的預估時間與實際花費時間

★ 目的是提高時間規劃的準確度

· 寫企劃書比預期多花了一小時
· 製作報價單比預期快了十五分鐘

❸ 安排的行程是否有助於集中精神？

● 是否有能讓你專注執行任務的環境（如時間、地點）

★ 打造有助專注的環境

· 上午全心投入點子發想，進度順利

❹ 是在不勉強、舒適的狀態下完成的嗎？

● 行程是否太滿？是不是又在硬撐？

★ 勉強撐不久，別太為難自己

· 下午會議排太多，準備不足，之後想控制在兩場以內

❺ 下次要怎麼做才會更好？

● 想一想，下次可以怎麼改善

★ 不輕易苛責自己

· 撰寫企劃書花了很多時間，原因是平時沒有累積足夠靈感→決定每天上午固定安排發想點子的時間

設下期限與目標，執行到底，才能看見全新的風景

無論是追尋夢想、實現目標，還是單純做自己喜歡的事，「持之以恆」始終是關鍵。堅持，是最強大的力量。

不過，**光靠盲目努力並不夠，真正重要的是堅持到底**。不論是宏大的夢想，還是日常的小任務，這個原則都適用。

三十多歲之前，我總覺得自己是個做事半途而廢的人。不管做什麼，常常做到一半就想「應該差不多了吧！」於是就停了下來。心裡一直有種沒能把自己的潛力發揮出來的感覺。

如今回頭看，才終於明白問題所在。當時的我，其實並沒有眞正付出什麼努力，卻總以爲天職或使命終有一天會自己出現，甚至主動找上門。也因此，每當我對某件

事產生興趣，就會一頭熱地投入，但沒多久又覺得「這好像也不是我要的」，於是草草放棄。結果什麼事都只做到一半，什麼也沒眞正完成。

「把想做的事變成工作」當然是再理想不過的事。但那終究只是結果。如果爲了達到這個結果而反過來尋找「我到底想做什麼」，那就本末倒置了。

事實上，有些人會滿足於不停尋找自己想做的事。這種行爲本身無可厚非，但容易讓人陷入「自己正在努力」的錯覺。

這種情況就像只顧著不停輸入（Input），卻以爲自己眞的在學習。唯有透過輸出（Output），才能將所學眞正內化。否則，很可能只是一再重複，到頭來不過是換個地方學著差不多的東西罷了。

這樣其實很浪費時間和金錢。**與其一直停留在「好像有在努力」的狀態，不如試著眞正完成一件事。當你做到的那一刻，你所看到的世界也會跟著改變。**

我在二十六歲那年到韓國留學，並在當地工作、生活了將近九年。剛決定出國時，身邊不免有人質疑：「二十六歲才去留學？」「爲什麼學韓文，不學英文？」坦白說，當時我也不確定這趟留學是否眞的對我的未來有實質幫助。畢竟現在的我並不是靠韓文工作，從這個角度來看，當時的選擇或許並不算「實用」。

那時候我只是單純想著：「我想去當地學韓文」、「我想不靠字幕看韓劇」、「我想聽懂喜歡的偶像說什麼」、「我想做能用韓文的工作」。因爲沒有被那些「你都幾歲了還想留學？」「學韓文要幹嘛？」的質疑聲擊退，我才得以在韓國找到工作，實現了「用韓文工作」的夢想。

我當時進入的是一家負責廣告選角的公司。回想起來，雖然那時早已忘了這段往事，但其實從國中開始，我就會剪貼雜誌上的模特兒照片，分析他們的姿勢，研究怎樣的動作更能展現美感，並且樂在其中。可以說，我眞實體驗了「把喜歡的事變成工作」。

後來，當我在職涯與人生階段的轉折中掙扎時，我透過「我的五種角色」（見第

200頁）重新梳理時間。當下，我發自內心地想：「這次我眞的做到了『堅持到底』！」

我學會了韓文，並能將它應用在工作上，這對我來說，是對自己努力的肯定。不是因爲我的韓文有多厲害，而是因爲這一切都是自己選擇、決定並親自付出行動所獲得的成果。這份踏實感，正是所謂「掌握自己人生的轀繩」。**也正因爲曾經堅持到底，我才能順利走向現在的工作與生活方式。**

如果你也正煩惱「想做的事情太多，時間卻不夠」，那就先選出「最想做的那一件」，並堅持做到最後吧！勇敢放下無謂的時間浪費，才能爲自己創造眞正有價值的時間。先爲自己設定一個期限，然後全心投入，好好完成你下定決心要做的那件事。

如此一來，你將會看到一個全然不同的世界。

結語

謝謝你讀到最後。

正因爲你總是對每件事全力以赴，才會時常感覺被時間追著跑。這本書就是爲你而寫——我希望你在保持努力的同時，也能保有內心的從容與舒適。

這些年來，在與許多讀者和學員分享「時間協調術」的過程中，我深刻體會到：很多人習慣把所有事情攬在自己身上。即使知道應該放下那些無謂的耗費，但眞正要「放下」時，內心仍會充滿掙扎與抗拒。

時間協調術並不是一套只爲自己、不顧他人的做法。它的核心在於先懂得善待自己，才能學會尊重他人的步調與節奏。不是對自己嚴苛，而是懂得溫柔以待；也唯有對自己溫柔，才能把這份溫柔與理解傳遞給身邊的人。這是一種能爲社會帶來舒適與善意循環的時間使用之道。

當你找到了適合自己的舒適節奏，也就能以自己的方式，更堅定地朝理想的未來邁進。

實踐時間協調術的人，多半都是非常努力認眞的類型。他們並非追求「輕鬆過日子」，而是希望能以積極且愉快的態度面對生活。即使偶爾感到掙扎或迷惘，仍願意親手打造屬於自己的未來。

當這份執著與努力能與「內心的舒適感」並存，那將是一種最強大的狀態。

若你能透過本書介紹的「時間排毒」方法，釋放長期背負的壓力，將時間投入在眞正想做的事上，並讓每一天都變得更加豐盈且踏實，那將是我最大的喜悅與心願。

這本書能順利出版，要感謝許多人的協助與支持，謹此致上最深的謝意。

特別感謝日本實業出版社的神村優歩小姐，身爲本書的編輯，妳總是給予我準確且正面的建議，衷心感謝妳的用心與鼓勵。

謝謝「時間協調團隊」的每位夥伴，因爲有你們的支持，我才能安心投入寫作。

還有我親愛的家人，總是無條件支持、陪伴、鼓勵我——眞的非常謝謝你們。

最後，將我最深的感謝獻給正在讀這段話的你。

願你透過「時間排毒」，溫柔地放下那些讓你感到不自在的時間，重新擁抱讓你安心的時光，以舒適的節奏，全心全意完成你眞正想做的事。如果這本書能成爲你改變的起點，那會是我最大的榮幸。

我會一直在這裡，默默爲你的未來加油。

吉武麻子

二〇二四年十月

參考書目

（說明：●已出版繁中版本）

●《人生很長，你得學會與「時間」打好關係》，二間瀨敏史、吉武麻子監修，趙鴻龍譯，楓書坊，2022

●《實現夢想的小目標時間管理術》，吉武麻子著，張婷婷譯，星出版，2024

●《最高學以致用法》，樺澤紫苑著，賴郁婷譯，春天出版社，2020

●《與成功有約》，史蒂芬．柯維、西恩．柯維著，顧淑馨譯，天下文化，2020

●《成功最關鍵的事——管控「不如預期」》，DaiGo著，黃文玲譯，采實文化，2019

●《超圖解 改變人生的放手清單》，石川和男著，洪伶譯，布克文化，2025

●《給予：華頓商學院最啟發人心的一堂課》，亞當．格蘭特著，汪芃譯，平安文化，2013

●《默默》，麥克．安迪著，李常傳譯，遊目族，2022

●《拒絕被支配的勇氣》，鈴木敏昭著，張佳雯譯，時報出版，2016

●《最強 腦科學時間術》，樺澤紫苑著，石玉鳳譯，三采，2018

●《哈佛最受歡迎的快樂工作學》，尚恩．艾科爾著，謝維玲譯，野人，2013

●《輕鬆駕馭意志力》，凱莉．麥高尼格著，薛怡心譯，先覺，2012

《じぶん時間割の作り方》，川瀬はる著，吉武麻子監修，オーバーラップ

《自分を変えるノート術》，安田修著，明日香出版社

《一日の休息を最高の成果に変える睡眠戦略》，角谷リョウ著，PHP研究所

《任せるコツ》，山本渉著，すばる舎

《超習慣術》，メンタリストDaiGo著，ゴマブックス

《お客さまが不思議とファンに変わる！女子脳営業術》，舛岡美寿子著，こう書房

《広辞苑　第六版》，新村出編，岩波書店

想了解更多關於時間排毒及作者資訊，
歡迎參考以下資源：

- ○ TIME COORDINATE 株式會社官網

- ○《時間排毒》讀者專屬：練習表與延伸影片

※ 內容將透過電子報提供，請先完成訂閱。

※ 善用資源，讓「時間排毒」更順利！

國家圖書館出版品預行編目資料

時間排毒：清理時間浪費，活出質感人生 / 吉武麻子著；麥壹譯 .
-- 初版 . -- 臺中市：晨星出版有限公司，2025.09
面；公分 . —（勁草生活；566）
譯自：時間デトックス : 無駄をスッキリさせて、人生の質を高める

ISBN 978-626-420-171-1（平裝）

1.CST: 生活指導 2.CST: 時間管理 3.CST: 工作效率

177.2 114009481

勁草生活 566

時間排毒

清理時間浪費，活出質感人生

無駄をスッキリさせて、人生の質を高める
時間デトックス

填回函，送Ecoupon

作者 吉武麻子
譯者 麥壹
編輯 朱詩迪
內頁設計 黃偵瑜
封面設計 張琪培

創辦人 陳銘民
發行所 晨星出版有限公司
407 台中市西屯區工業 30 路 1 號 1 樓
TEL:（04）23595820 FAX:（04）23550581
https://star.morningstar.com.tw
行政院新聞局局版台業字第 2500 號
初版 西元 2025 年 09 月 15 日

讀者服務專線 TEL:（02）23672044 /（04）23595819#212
讀者傳真專線 FAX:（02）23635741 /（04）23595493
讀者專用信箱 service@morningstar.com.tw
網路書店 https://www.morningstar.com.tw
郵政劃撥 15060393（知己圖書股份有限公司）

印刷 上好印刷股份有限公司

定價 350 **元**

ISBN 978-626-420-171-1